공교육 안에서 다르게 키우기

공교육 안에서 다르게 키우기

초판 1쇄 발행 2025년 12월 26일

지은이 하정화
펴낸이 권경옥
펴낸곳 해피북미디어
등록 2009년 9월 25일 제2017-000001호
주소 부산광역시 동래구 우장춘로68번길 22
전화 051-555-9684 | 팩스 051-507-7543
전자우편 bookskko@gmail.com

ISBN 979-11-94977-12-4 03370

공교육 안에서 다르게 키우기

하정화 지음

해피북미디어

돈 없이 아이 키우기 힘들다는 세상에서

조금 부족한 듯 키워야지. 아이를 낳고, 처음부터 이런 생각을 한 건 아니다. 아이에게 얼마만큼 해줄 수 있을지에 대한 계산이나 계획 없이 아이를 간절히 원했다. 그리고 아이들이 크면서 '아이 키우기 힘든 세상'이라는 말을 조금씩 이해했다. 육아를 하면서 이 문장 앞에 숨어 있는 여러 가지 수식어를 맞닥뜨렸다. '돈 없이' 아이 키우기 어려운 상황과 마주하기도 하고 '단단한 중심 없이' 아이 키우기 힘들다는 걸 느낄 때도 여러 번이다.

세상 물정 모르고 덜컥 퇴사한 건 아닐까. 내가 겪었던 입시 경쟁보다 지금이 더 심각하다고? 아이를 키우는 기쁨의 반대편에는 무거운 마음이 함께했다. 경제적으로 풍족하지 않아도 자녀 교육에는 모든 걸 쏟아부어야 한다는 분위기, 남들만큼 못 해줄 거면 아이를 낳는 일조차 미안해해야 하는 시선에 반기를 들고 싶었다.

'가진 것이 많지 않은데 너희를 낳아 미안하구나' 하며 무거운 마음으로 긴 육아 여정을 통과하고 싶지 않았다. 주어진 상황을 탓하고 원망만 하기에는 아이가 성인이 되기까지 20년 세월이 무척 길다. 조금 부족한 듯 키워도 괜찮다는 마음으로 내가 못 해주는 것 대신 해줄 수 있는 것에 집중하기로 했다.

아이들이 어릴 때는 매일 동네 산책을 하며 세상을 만나는 소중한 시간을 보냈다. 누구에게나 주어지는 자연의 덕을 보며, 사회가 제공하는 풍요를 찾아다녔다. 이제 아이들이 초등 고학년에 접어드니 교육과 관련해 고민이 많아지고 있다. 옛날에는 '나만 중심을 잃지 않는다면', '우리 가정에서만이라도 성적이 아닌 다른 가치를 중요하게 생각한다면' 괜찮을 거라 생각했는데 제도와 사회 분위기는 그렇게 호락호락하지 않다.

어느 날, 한 번씩 들어가 보는 교육 커뮤니티에 초등학생 우울증 증가에 대한 글이 올라왔다. 최근 몇 년 사이 초등생들의 우울증이 두 배 급증한 현상과 원인에 관한 기사였다. 카페 회원 중에는 초등학생 자녀를 둔 엄마들이 많았기에 걱정의 목소리나 의견이 많이 올라올 거라 예상했지만 반응은 미미했다. 내가 단 댓글을 포함해 4개 정도의 의견이 달렸다. 아이들의 공부 방식, 사교육 비용에 대한 글, 아이들 시험에 대한 글이 올라왔을 때 반응과는 너무 달랐다.

교육이나 입시 관련 커뮤니티에서 아이들의 우울증은 관심 대상이 아닐까. 아니면 애써 모르는 척하는 것일까. 어쩌면 요즘 교육이나 육아 커뮤니티 전체 분위기가 그런 것인지도 모르겠다는 생각이 들었다.

예전에 그 카페에 책의 한 구절을 인용하며 글을 올린 적이 있다. 입시제도와 경쟁 교육이 존재하는 한 엄마들의 무거운 책임감과 미안함은 사라지기 힘들고, 그게 안타깝다는 내용이었다. 교육에 열성적인 회원들이 많아 조심스럽게 글을 쓰면서도 다른 이들의 의견이 궁금했다. 하지만 글에 대한 반응이 조용해 착잡하고 씁쓸했다.

"아이들이나 부모들 힘든 건 둘째 치고 지금 교육 현실이 그렇잖아요."

"아이에게 최대한 풍족하게, 남들만큼 해주려는 사람들을 보세요. 그런 걸 신경 쓸 겨를이 있는지."

커뮤니티에 들어가서 글을 읽고 댓글을 볼 때면 다들 이렇게 외치는 것 같았다. 무리해서라도 아이한테 해줄 수 있는 만큼 해주라고. 부모들이 느끼는 미안함은 당연한 거라고. 자꾸 조급해지려 했고 남들만큼 못 해주는 상황이 무기력하게 느껴질 때도 있었다. 그럼에도 습관처럼 커뮤니티를 들락날락거리던 어느 날, 카페 탈퇴하기 버튼을 눌렀다. 나에게 필요한 것은 그렇게 키우다가는 큰일 난다는 경고가 아니라, 다른 방향으로 가고 있어도 괜찮다는 지지와 응원이었기 때문이다.

요즘의 입시 준비는 경제력과도 무관하지 않다. 돈 없다고 아이 못 키우냐며 자연과 공공자원을 부지런히 찾아다니던 나는, 이제 아이들이 과도한 사교육을 받지 않더라도 학교를 즐겁게 다닐 방법을 고민하고 있다. 공교육 아래에서 조금은 다르게 키울 방법을 궁리하는 중이다.

이 책에는 훗날 아이들과의 시간을 떠올리며 (눈물 대신) 웃음 짓고 싶은 엄마의 고민과 실천을 담았다. 누구나 주어진 환경에 따라 다른 선택을 할 수 있기에 내가 아이를 키우는 방향이 정답은 아닐 것이다. 다만, 이렇게 키워도 괜찮다고, 할 수 있는 만큼 하는 것이 결코 미안해할 일은 아니라는 말을 해주고 싶었다. 이제 육아의 절반을 지나가고 있지만 돌아보면 고생했던 일도, 부족함을 다른 것으로 채워주려 했던 시도들도 유쾌한 기억으로 남는다.

두 아이를 키우며 남들만큼 할 여력이 안 된다면 '내가 할 수 있는 만큼' 하면 된다는 마음으로 오늘도 용기를 낸다. 빠르게 변화하는 세상에서 아이들이 지닌 가능성과 잠재력은 더 다양한 방법으로 발휘될 것이다. 풍족함에서 얻을 수 있는 것이 아니더라도 아이들 일상을 반짝이게 해주는 것은 참 많다. 이 책이 그 반짝이는 것을 찾게 해주는 데 조금이라도 도움이 된다면 좋겠다.

차례

1장

자연과 놀이터
덕분입니다

아이를 다시 키운다 해도
이 동네는 1순위

막 걷기 시작한 아이에게는 동네 작은 공원도 신나는 세상이다. 신혼집 바로 앞에는 작은 근린공원이 있었다. 매일 출퇴근하며 지나쳤던 아담한 공원은 아이를 낳고 나니 고마운 공간이 되었다. 유아차를 끌고 산책하기에도 좋았고 아이가 제법 걸어 다닐 때는 더 자주 나갔다. 현관 앞에 세워둔 유아차 앞에서 아침마다 아이는 얼른 나가자고 신호를 보냈다. 말은 잘하지 못해도 내 눈앞에서 신발을 흔들어 댔다. 바깥세상을 보고 싶다며 조르는 것처럼.

공원 바닥에 줄지어 기어다니는 개미, 산책 나온 강아지, 공원 한쪽 작은 놀이터에서 뛰어노는 아이들까지. 아이는 호기심으로 그 모든 것을 탐색했다. 가만히 앉아서 구경만 해도 시간 가는 줄 몰랐다. 비가 오나 눈이 오나, 아이와 잠시라도 나갔고 둘째를 임신하고 배가 많이 나온 뒤에도 산책은 계속되었다. 하루의 절반을 조금은 수월하게 보낼 수 있으니 안 나갈 이유가 있을까.

첫째를 낳기 전에 경제적으로 어려움을 겪게 됐었다. 한 푼이라도 아껴야 하는 상황에서 비용을 들여 여행하는 것이 부담됐다. 그런데 동네에서도 아이는 모든 것을 신기한 눈으로 바라보니 '비용을 들여 무언가를 해줘야 한다'라는 의무감에서 훨씬 가벼워졌다. 어디 멀리 돈 들여 여행 갈 필요도 느끼지 않았다. 아이에겐 집 근처 동네를 누비는 것만으로 매일 여행하는 기분이지 않았을까.

첫째가 두 살이 되고 둘째를 임신했을 때, 복직 대신 퇴사를 선택했다. 양가 모두 멀리 떨어져 있어 돌봄의 지원을 받기 어려웠고 아이를 돌봐주실 분을 찾는 것도 쉽지 않았다. 첫째 출산 후 회사의 배려로 1년 정도 재택근무를 할 수 있었지만 둘째가 태어난 뒤 다시 직장을 나갈 엄두가 나지 않았다. 고민이 많았지만 내가 아이들에게 해줄 수 있는 것에 집중하자는 마음을 가지니 조금은 용기가 생겼다. 그렇게 퇴직하고 잠깐씩 예전 회사 일을 맡아 하는 프리랜서가 되었다.

두 아이를 혼자 보는 것이 버거울 것 같아 둘째는 친정 근처에서 출산했다. 그리고 밀양에 있는 시가에서도 두 달 정도 아이들과 지냈다.

'어머님 댁 근처에는 놀이터도 없을 텐데, 아기 짐만 해도 많아서 장난감도 거의 못 가져가는데. 심심하지 않을까?'

막상 지내보니 괜한 걱정이었다. 첫째는 날마다 할머니와 밖에 나갔고 가끔 나랑 동네를 산책했다. 놀이터는 없었지만, 강둑을 마음껏 뛰어다녔다. 강가에는 이름 모를 풀이 가득했고, 남편에게 식물도감 책을 부탁해 첫째와 꽃, 나무, 풀을 찾아보았다. 돌멩이를 주워 강물에 던지는 것만으로도 아이는 까르르 즐거워했다.

시골길에 앉아 지나가는 차를 보는 것도 재미있어했다. 가끔 장이 서는 날에는 시골 장을 구경하다 관심이 있는 곳에 한참을 머물렀다. 건물 벽에 붙은 개구리를 보다 보면 한 시간이 금방이었다. 하루 종일 나비를 쫓아다니고 동네를 누비다 땀을 흘리고 나면 잠도 잘 자고 밥도 잘 먹었다. 둘째가 태어나면 첫째가 시샘도 하고 스트레스도 받는다는데 아이는 더 자유로워 보였고 여전히 해맑았다. 그렇게 우연히 '자연에서 노는 아이들'이 내 육아에 중요하게 자리 잡았다.

서울에 다시 올라와 두 아이와 지내면서도 밀양에서 보

고 느꼈던 경험이 문득문득 떠올랐다. 자연 곁에서 아이를 키우고 싶다는 생각이 마음 한쪽에 머물고 있었다. 그렇다고 당장 시골에 내려가 살기는 어려웠다. 그럴 용기도 없고.

'그렇다면, 서울에서도 숲이나 산이 있는 동네를 찾아보자!'

전세 만기가 끝나면 큰 공원이나 산이 가까운 곳으로 이사해야겠다고 결심하고 열심히 서울 지도를 탐색했다. 서울숲 주변, 우장산이나 까치산 근처, 난지천과 하늘공원 주변 동네를 열심히 찾아보았다. 남편 출퇴근 시간을 고려하고 경제적으로 무리가 되지 않는 곳을 알아보던 중에 남편 직장 어린이집에서 연락이 왔다. 혹시나 하고 첫째 태어나자마자 입소 대기를 걸었던 것을 잊고 있었는데 추가 모집으로 연락이 온 것이다. 아직 전세 만기는 한참 남았고, 갑자기 이사하는 게 망설여져서 어린이집 등록을 취소한다고 답했다. 하지만 네 살 첫째와 두 살 둘째를 가정 보육하다 보니 내 체력도 바닥이 나는 중이라 이내 후회하고 말았다. 남편 회사 근처, 관악산 주변은 내가 원하던 '자연에서 가까운 동네' 아닌가. 무엇보다 직장 어린이집이라 입학 전까지 보낼 수 있으니 유치원 비용도 아낄 기회였다. 다시 문의했지만 이미 다음 대기 순번에 연락했다기에 후회하고 있었는데 며칠 뒤 전화가 왔다.

"다음 대기자분이 입소 포기하셨는데 등록 의향이 있으신가요?"

하늘이 나의 간절함을 들은 것인가! 부랴부랴 전셋집을 구해 2월 말, 관악산 아래로 이사를 했다. 급하게 구한 집이었는데 아파트 1층이라 층간소음 걱정이 덜했다. 오래된 집이지만 오히려 어린아이들 키우기에 부담이 없었다. 하지만 산 아래 아파트 1층의 겨울은 혹독했다. 큰 방에 앉아 둘째 수유를 하다가 등이 차갑게 얼 뻔한 기억이 생생하다.

불편한 점도 있었다. 마을버스를 타고 한참을 가야 지하철역까지 갈 수 있었고 언덕배기 동네라 유아차를 끌고 오르내리기 쉽지 않았다. 집 근처에 큰 마트도 없고 놀이터 말고는 아이들 놀이 시설, 교육 시설도 많지 않았다. 직장 어린이집까지 유아차를 끌고 첫째와 걸어가다가 오르막길에서 주저앉을 뻔했다. 결국 첫째와 둘째를 카시트에 태우고 운전해서 등하원을 해야 했다. 무려 4년이나. 그래도 아이들이 조금 큰 뒤에는 어린이집까지 걸어서 가거나 마을버스를 타고 다닌 것도 멋진 동네 여행이 되었다.

봄이 오면서 동네에 조금씩 애정이 생겼다. 아파트 바로 옆 산에 노란 산수유와 벚꽃이 피었고, 여름이 되니 녹음이 가득했다. 가을에는 아이들과 놀 수 있는 낙엽이 잔뜩 생겼고, 겨울에는 나무 위로 소복하게 쌓인 눈이 눈부셨다. 눈썰매장을 갈 필요도 없이 산에서 눈으로 놀 수 있는 게 가득했다. 아이들을 자연 속에 떠밀 기회가 주어졌다. 내가 선택한 이 동네의 장점을 바라보니 불편함도 참을 수 있었다.

집 앞 놀이터와 뒷산 덕분에 아이들은 놀거리가 충분했다. 그래서 아이들 어릴 때도 키즈카페나 놀이공원에 거의 가지 않았다. 남편이 출근하는 주말에도 아이들과 도시락을 싸서 산이나 근처 공원에 가면 하루가 금방이었다. 아파트에서 산 둘레길을 따라가다 보면 공원 도서관이 나왔는데 그곳까지 버스를 타지 않고 아이들과 걸어갈 때도 많았다. 간단히 간식을 싸서 뛰어갔다가 잠시 쉬어가기도 했다가. 아이들과 산길을 따라 도서관을 갈 수 있는 이 동네, 어떻게 사랑하지 않을까.

이곳에 살면서 자연의 고마움을 알아갔다. 물론 겨울마다 세탁기가 얼고 산 옆이라 여름이면 아이들은 바깥에서 모기 밥이 되었지만. 아이들은 모기에게 여기저기 물려 괴로워하면서도 친구들과 노는 시간을 포기하지 않는 열정을 보여주었다. 멀찌감치 지켜보는 것으로도 충분했으니 '뭐 하고 놀아주나?' 하는 고민이 훨씬 줄었다.

6년 동안 관악산 아래에서 뒹군 아이들은 거침없이 논다. 그래서 패딩 점퍼가 1년도 안 되어 구멍 나고 뜯어지기도 한다. 발이 커져서 운동화를 새로 사는 게 아니라 운동화에 구멍이 나서 새로 살 때가 더 많았다. 활력이 넘치고 밝은 에너지를 뿜는 것도 자연에서 뒹굴며 놀았던 덕이 큰 것 같다. 관악산 아래로 이사 온 덕분에 신나게 뛰어노는 아이들의 세계를 더 자세히 탐구할 수 있었다. 자연 곁에서 뛰어놀기 예찬론자가 되었다. 자연의 혜택을 받은 건 아이들뿐만이 아니었다. 나도 육아가 힘들 때 혼자 뒷산을 오르며 마음을 다스렸다. 헬스장에 등록하지 않아도 매일 산을 오르며 체력을 키웠다. 아이에게도 엄마에게도 동네 뒷산이 얼마나 고마운 존재였는지. 육아에 서툴렀던 내가 이 동네에서 조금 수월하게 아이와 시간을 보내었으니 행운이고 감사한 일이었다.

그렇게 정들었던 곳이라 떠나게 되었을 땐 아쉬움이 컸다. 아이 친구와 동네 형이 날마다 1층 베란다 앞에 와서 "언제 나올 거야?" 불렀던 일도 생각나고 여름 저녁에는 가끔 남편이 동네 아이들을 모아 아파트 숲길을 산책했던 기억도 특별하다. 작은 랜턴 들고 아빠를 따라다니며 친구들과 곤충을 관찰했던 시간. "아저씨, 오늘은 안 모여요?" 하며 저녁 산책을 청했던 동네 아이들. '이사 가서도 깨 볶으며 사세요.' 이웃이 선물해 준 깨소금 한 병에 쓰여 있던 이 문구엔 코끝이 찡해졌다.

관악산을 떠난 후에도 가끔 아이들과 살던 동네에 놀러 가곤 한다. 여전히 반겨주는 이웃과 아이들 덕분에 마음이 따뜻해져서 돌아온다. 다시 아이를 키운다면 어디서 살고 싶은지 묻는다면 이렇게 말하려나.

"공원이나 산, 자연이 가깝고 놀이터를 편하게 이용할 수 있는 곳이요. 너무 새 아파트는 부담스러운 것 같아요. 잠깐 신축 아파트에 살았을 때 아이들이 놀다가 바닥이 찍히고 벽지가 더러워질까 봐 화들짝 놀라고 주의를 주었던 기억이 있거든요. 정겹고 따뜻한 동네 분위기도 아이들에게 중요하더라고요. 학교 가는 길도 안전하면 좋겠어요."

누군가는 다양한 놀이 시설이 있고 커뮤니티 시설도 잘 갖춰진 대단지 아파트를 선호할 수도 있고, 아이들 데리고 다니기 좋은 인프라를 찾을 수도 있겠다. 널찍한 마당이 있고 층간소음은 걱정하지 않아도 되는 단독 주택에서 아이를 키우고 싶다는 지인도 많다. 저마다 원하는 동네에서 아이를 키운다면 좋겠지만 그게 마음대로 안 될 때도 많다. 내가 사는 곳에서 아이와 누릴 수 있는 것을 찾아보고, 육아가 좀 더 행복할 수 있는 균형점을 찾는 수밖에. 내가 중요하다고 여기는 가치를 고민한다면 다른 동네에도 눈을 돌려볼 용기가 생기지 않을까.

그것 때문에
이사를 한다고요?

"이사 업체죠? 이사 견적 문의하려고 전화했는데요."

"네, 고객님, 1월 28일에 이사 가시는 것 맞나요?"

"아, 아니에요. 그건 작년에 전화해서 여쭤본 거고요. 2월 15일에 이사 갈 예정이에요."

1년 만에 이사하게 되니 이런 해프닝도 생긴다. 신혼집부터 아이들이 어릴 때 살았던 관악산 아래 집까지. 10년 넘게 오래된 아파트에만 살다 보니 새 집에서도 한 번 살아보고 싶었다. 구축 아파트 1층에서 6년을 살며 여름에는 습기, 겨울에는 추위와 싸워야 했다. 물론 층간소음에서 조금 자유로울 수 있었지만 햇볕이 잘 드는 깨끗한 집이 부럽기도 했다. 그러다 작은 단지의 아파트를 분양받았고 이사 시기를 고민했다. 아이들의 유년 시절, 자연의 덕을 많이 봤기에 관악산을 떠나는 게 쉽지 않았다. 고민

끝에 둘째 초등학교 입학 시기에 맞춰 이사를 했다. 신축 아파트 입주 후 만족감도 잠시, 이사온 게 잘한 일인지 마음이 왔다 갔다 했다. 경제적인 이유도 있었고, 등하굣길 안전도 예상치 못한 문제였다.

"얘들아! 조심! 뒤에 차 오니까 잘 봐야지!"

학교로 가는 길에 '차 조심'을 수없이 외쳤다. 조금 걸어야 하는 것은 괜찮았지만 지도에서 보던 것보다 등굣길은 훨씬 험난했다. 인도와 차도 구분이 안 된 곳이 많고, 주차한 차 때문에 아이들이 차도 쪽으로 내몰렸다. 갑자기 지나가는 차 때문에 아슬아슬한 적도 여러 번. 결국 1년 동안 아이들과 등하교를 함께했다. 3학년 첫째가 늦게 마치고 혼자 집에 올 때면 마음을 졸였다. 서서히 아이들이 엄마에게서 떨어져 혼자 해야 하는 것들이 많아질 텐데 내 옆에 딱 붙어 다녀야만 안심이 되는 상황이라니.

등교 때 차로 데려다 주거나 하교 후 바로 학원 차를 타도록 한다면 견뎌볼 수 있는 문제였지만 고민이 한 가지 더 생겼다. 한창 뛰어노는 것을 좋아하던 아이들이 바깥에서 보내는 시간이 점점 줄어들고 있었다. 어느 날, 둘째가 어두운 얼굴로 다가왔다.

"엄마, 동네에 아는 사람들이 많아졌으면 좋겠어."

“아는 사람?”

“친구들 말이에요. 놀이터에 가면 친구들이 없어요. 이 동네에 아이들이 별로 없는 것 같아.”

“맞아요!”

옆에서 첫째도 맞장구를 쳤다. 이사 온 지 얼마 안 되어 동네에서 친구 만나기 어려운 것도 있겠지만, 아이들이 바깥에서 놀 기회가 줄어든 것도 확실했다. 분양받을 때 아파트 설계도에 그려져 있던 단지 내 놀이터 자리에는 다른 시설이 들어서 있었다. 아이들은 이사 오고 처음에는 집에서 200m 정도 떨어진 공원 놀이터에 자주 갔지만 서서히 귀찮아하기 시작했다.

놀이터까지 가는 길에도 인도, 차도 구분이 없어 조심해야 했고 같이 놀 친구도 없으니 흥미가 떨어질 만했다. 예전에는 주말이면 친구들과 노느라 하루가 금방이었는데, 이사 오고 나니 주말에 뭘 해야 하나 고민이 많아졌다. 물론 아이들이 하교 후에도, 주말에도 학원을 여러 곳 다니고 바쁜 스케줄을 소화한다면 크게 문제될 게 없겠지만 우리 집은 아니었다.

“밖에 나가서 줄넘기라도 하지 그래? (그래, 혼자 나가서 줄넘기 하는 게 뭐가 재미있겠니.)” 점점 집에만 있으려 하는 첫째를 운동시키는 일은 어려웠다. 축구 교실이라도 보내야 하나, 돈을 들여야 마음껏 운동할 수 있고, 학원에서 친구들도 만날 수 있다는 요즘 현실이 와 닿았다. 주말에 운동장을 개방하는 주변 학교를 알아놨다가 가족이 다 같이 공을 차며 놀기도 했다. 덕분에 남편과 나까지 신나게 뛰어다니긴 했지만, 언제까지 우리가 친구를 대신할 수도 없을 텐데.

봄이 가고 여름이 지날 때쯤, 남편과 진지하게 고민하기 시작했다. 아직 3학년, 1학년. 한창 친구들과 뛰어놀고 안전하게 동네도 누비고 다녀야 할 나이인데 아이들과 여기서 계속 살아도 괜찮을까.

"아이들이 크면 어차피 놀이터에서 놀 시간도 없을 텐데, 애들 교육 때문에 가는 것도 아닌데 이사까지?" 하는 이야기도 들었다. 하긴 교육 환경이 좋은 동네를 찾아 이사하는 경우는 많아도 친구들과 놀 시간을 위해서라니. 의아해하는 사람도 많았다. 한국에서 아이들 키우기 좋은 곳을 찾다 보면 '학군으로 유명한 동네'를 많이 추천한다. 명문 중고등학교가 있고 아이들 학업 수준이 높고 학원, 편의시설 등이 잘 갖춰진 곳을 선호한다. 공부하기에는 좋은 곳일 수 있으나 친구들과 바깥에서 놀 기회는 상대적으로 적다. 아이들의 바깥 활동도 부쩍 줄어들 것이다. 학군지는 상대적으로 집값도 비싼 편이니 신축 아파트도 과한 우리 집 경제 사정에 부담이 되었다. 아이를 키우며 어디에 가치를 두느냐에 따라 살고 싶은 동네가 달라진다. 아이들이 친구들과 마음껏 뛰어놀 수 있는 곳을 찾아가면서도 불안함이 전혀 없는 건 아니었다.

"고학년이 될수록 공부 분위기 무시 못 해요. 주변에 열심히 하는 애들이 많으면 아이에게도 좋은 자극이 되죠."

"아이는 공부하려고 하는데 자꾸 놀자고 하는 친구들이 많으니 신경 쓰이네요. 역시 학군지로 가야 했나 봐요."

이런 충고를 듣다 보면 내가 현실을 외면하고 있나 하는 생각도 들고, 나중에 아이들이 원망할까 봐 걱정도 되었다. 하지만 '어쩔 수 없이 선택하지 말고 무엇이 중요한지 생각하자'고 다짐했다. 무엇보다 아이들이 친구들과 부대끼며 뛰어놀고 갈등을 겪고 해결하는 과정에서 조화로운 사람으로 자란다는 믿음이 있었다. 학군지에서만 꼭 공부를 열심히 한다는 법도 없다. 남편도 생각이 비슷했기에 아이들이 학창 시절을 쭉 보낼 곳을 다시 찾아보기로 했다. 여름에 틈틈이 아이들을 데리고 이곳저곳 다녀보았다. 초등학교 통학이 안전한지, 집 바로 근처에 뛰어

놀 수 있는 작은 공원이 있는지 혹은 자연이 가까운지를 중점적으로 살펴봤다. 주거 비용도 따져보며 경기도에 두 군데 정도 후보를 정했다.

그렇게 딱 1년 만에 서울의 새집을 떠나 이사를 갔다. 집을 보러 갔던 날이나, 이사를 한 날에도 예쁘게 눈이 내렸다. 처음부터 꼼꼼하게 알아볼걸, 이번에는 잘한 걸까 뒤숭숭한 마음을 위로하듯이. 집 바로 앞에 산이 보이고 아파트 사이 작은 대나무숲길을 지나면 비밀의 화원처럼 공원이 나타난다. 놀이터와 작은 개울이 있고 배드민턴장도 널찍하다. 1년 만에 학교를 옮긴 아이들에게 미안했지만 아이들은 이사 온 며칠 만에 동네를 무척 마음에 들어했다.

"엄마, 우리 이제 여기서 계속 살 거예요?"

"응, 앞으로 이 동네에서 계속 학교 다닐 거야."

첫째가 집 밖으로 잘 안 나갈 때는 이제 노는 게 시시해진 나이라서 그런가 싶었다. 초등 고학년을 키우는 지인들로부터 4, 5학년쯤 되니 아이들이 사춘기인지 집에만 있으려고 한다는 애기를 많이 들었다. 하지만 아니었다. 이곳으로 이사 온 뒤로는 친구들과 약속을 정해 만나기도 하고 자전거를 끌고 나갔다가 우연히 친구들을 만나 한참 놀다 들어오기도 했다. 친구들과 야구도 하고 농구도 하며 건강하게 하루하루를 보냈다.

누군가는 이제 공부에 더 신경 써야 할 나이인데 어쩌려고 그러냐고 할 수도 있겠다. 사실 그 불안감에서 완전 자유롭진 않지만 공부에도 때가 있듯, 친구들과 어울리고 몸을 신나게 움직이는 것에도 때가 있다고 믿는다. 아이들 얼굴에는 다시 생기가 돌았고, 노는 시간을 확보하기 위해 매일 주어진 학습을 불평 없이 하는 편이다. 이사 오고 2년차, 즐겁게 학교 다니고 열심히 뛰어노는 모습을 보니 '그래, 이사 잘 왔다' 싶다.

학교 마치고 돌아온 첫째가 부산스럽게 채집통을 챙겼다.

"엄마! 오늘 민준이랑 집 앞 공원에서 곤충 채집하기로 했어요! 놀이터에서도 조금 놀고 올게요."

그래, 너의 호기심을 안전하고 즐겁게 마음껏 펼치렴.

아이들 노는 것에
진심인 엄마입니다

어느 날 지역 카페에서 우연히 이런 글을 보았다.

"아이가 유치원 마치고 집과 놀이터에서 놀기만 하는데 너무 아무것도 안 시키나 걱정이 돼요."

초등학생, 중학생, 고등학생도 아닌 유치원생이 놀기만 하는 게 무슨 문제일까 생각할 수도 있지만 요즘 이런 고민을 하는 부모들이 많다. 노는 것이 걱정되는 연령이 점점 낮아지고 있어 안타깝다. 학습을 시작하는 나이가 빨라지고, 교육적인 체험이 늘어나고 있기에 아무것도 안 하고 놀기만 하는 아이의 모습이 불안할 수도 있다. 멍 때리기도 하고 마음껏 놀고, 하고 싶은 것을 찾아서 하는 것이 아이들의 본업일 텐데. 유아 시기에는 놀면서 세상을 탐색하고 알아가는 것만큼 중요한 게 또 있을까.

예전에 친한 동생이 우리 동네에 놀러 와 아이들 노는

모습을 한참 지켜본 적이 있다.

"언니 아이들은 놀이터에서 어쩜 그렇게 잘 놀아?"

"놀이터에서 매일 몇 시간씩 놀면 일단 아는 아이들이 많아져. 아무도 없을 때도 있어서 혼자 노는 것에도 요령이 생기더라."

"언니가 혼을 갈아 넣은 결과다."라는 말에 같이 웃었던 기억이 난다.

그 동생의 말처럼 나는 아이들이 어릴 때 학습 대신 노는 것에 진심인 엄마였다. 아이들이 마음껏 놀 수 있는 곳이라면 이것저것 챙겨서 일단 떠나고 보는 엄마. 아이들이 모래 놀이하는 동안에 몇 시간을 앉아 있는 데에 이골이 난 그런 엄마 말이다. 사실 처음부터 아이들과 그렇게 열심히 나가 놀 생각은 없었다. 웃어주기만 해도 까르르 좋아하는 시기를 지나고 보니 아이와 상호작용하는 게 어렵게만 느껴졌다. 내가 말수가 적고 차분한 성격이다 보니 아이들과 집에서 노는 일이 버거울 때도 많았다. 쫑알쫑알 아이와 주거니 받거니 역할놀이를 하는 엄마들이나, 엄마표 집놀이를 부러워만 하다가 나의 장점이었던 '체력'을 적극 활용하기로 했다.

"그래, 일단 나가자! 나에게는 아이들 짐을 양손에 거뜬히 들 수 있는 튼튼한 팔이 있고 지치지 않는 건강한 하체가 있으니."

내가 사람과의 관계에서 소극적인 편이어서 아이들에게는 친구와 어울리는 기회를 많이 주고 싶었다. 접근성도 좋으면서 아무리 놀아도 뭐라 할 사람 없고, 게다가 돈도 한 푼 들지 않는 놀이터와 동네 공원이 최적의 장소였다. 그렇게 매일 바깥에서 놀다 보니 '제법 잘 노는 아이들'로 보였던 것 같다. 그리고 실제로 아이들은 참 잘 놀았다.

두 아이는 어릴 때 밖에 나가거나 어디 놀러가면 집에 갈 생각을 안 했다. "엄마, 조금만 더 놀다가요." 했기에 외출할 때는 바쁘게 계획을 세우지 않는 편이었다. 보통 점심은 김밥을 사 가거나 집에서 준비해 갔고, 대신 아이들에게는 집에 늦게 들어오는 만큼 바로 씻고 자야 한다는 걸 알려주었다.

어류 생태관을 다녀왔던 어느 날 이웃분이 "거기가 그렇게 늦게까지 놀 만한 곳은 아닐 텐데 아이들이랑 잘 놀아주시나 보다." 하길래 멋쩍게 웃었다. "놀아주거나 해주는 건 없고 저는 그냥 앉아서 노는 거 보기만 하고 왔네요." 하고 대답했는데 진짜로 그랬다. 생태관을 둘러보고 만들기를 하는 건 2시간 남짓 걸렸지만 바깥 연못에서 한참 놀고 메뚜기를 잡고 하다 보니 시간이 훌쩍 지났다. 나는 근처에 앉아 아이들이 어디서 주워온 나뭇가지로 연못 녹조를 걷어내는 놀이를 지켜보는 게 전부였다.

아이 키우느라 기운이 없어서 그랬는지 신나게 같이 놀아주는 능력이 부족했기 때문인지 심심해 보여도 그냥 둘 때가 많았다. 대신 놀이터를 비롯해 바깥에서 놀 수 있는 공간의 도움을 받으려고 열심히 나갔다. 일단 밖에 나가면 아이들이 무언가에 몰입하거나 혼자 놀이를 찾을 수 있는 게 많았기 때문이다. 어릴 때 놀이터와 공원에서 많은 시간을 자유롭게 보낸 덕분일까. 아이들은 내가 함께 하지 않아도 어떤 놀이를 하며 놀까 궁리하고 찾아보고 실행에 옮기며 즐기는 일이 자연스러워졌다. 놀이터에서 노는 아이들을 멀찌감치 지켜보다 보니 사람과 어울리는 법도 아이 나름의 속도로 배우고 있다.

둘째가 여섯 살 때 같은 동네 초등학생 언니들과 놀고 싶어 한 적이 있다. 오빠들하고만 주로 놀았던 둘째는 언니의 존재가 무척 반가웠던지 슬금슬금 언니들 곁을 맴돌았다. 하지만 둘째가 가까이 가면 언니들은 손을 꼭 붙잡고 저만치 가서 다시 놀았고 또 따라올 것 같으면 미리 자리를 피했다.

나는 위험하거나 다른 사람에게 피해주는 것 외에는 아이들 놀이에 잘 개입하지 않았기 때문에 언니들과 둘째의 줄다리기를 멀리서 지켜보았다. 다음 날도 상황은 비슷했고 아이의 실망한 표정이 안쓰러웠다. 내가 나서서 "얘들아, 여기 동생이 같이 놀고 싶어 하는데 좀 끼워주면 안 될까?" 부탁할 수도 있겠지만 나서지 않았다. 앞으로도 이런 일이 자주 일어날 수 있고, 아이가 배우는 과정일 거라 생각해서다. 잘 모르는 아이들에게 말을 붙이기 쑥스러워하는 내 성격 때문이기도 했다.

대신 속상해하는 둘째를 다독였다. "언니들끼리 하고 싶은 게 있나 봐. 엄마랑 저기 가서 다른 거 할까?" 아이가 이 일을 크게 받아들이지 않길 바라며 심각하게 반응하지 않았다. 그래도 계속 언니들하고 놀고 싶다면 아이가 또 시도할 것이고, 언니들 없어도 괜찮다는 마음이 든다면 포기하고 다른 곳으로 가서 놀든지 할 테니까. 어느 날, 또 곁으로 다가가는 아이에게 언니들이 마침내 옆을 내주었다. 그리고 나중에는 진짜 동생처럼 잘 챙겨주고 셋이 깔깔깔 신나게 놀았다.

첫째는 적극적인 성격이었지만 친구와 놀다가 내기에서 지면 억울해서 울고, 말싸움을 하다가 밀리면 눈물이 그

렁그렁해서는 나에게 안겨 오열을 했다. 그 친구랑 만나기만 하면 속상해하는데 그냥 피해 다닐까 고민이 되었다(지금은 서로 다른 곳에 살고 있어도 가끔 만날 때마다 신나게 노는 좋은 친구가 됐다). 다른 아이들과 어울리는 중에 첫째의 행동을 훈육해야 할 때도 많다 보니 내가 지쳐서 놀이터 나가지 말까 하는 생각을 했다.

놀이터는 아이들뿐 아니라 보호자에게도 다양한 일이 벌어지는 곳이라 내 마음이 안 좋은 날도 있었다. 하지만 사람과의 관계 공부는 평생 해야 하는 것이고, 온몸으로 겪으며 배워야 하는 것이지 않나. 무엇보다 요즘처럼 아이들이 마음껏 놀 수 있는 공간이 줄어드는 현실에서, 동네 놀이터를 어찌 외면할 수 있으랴. 저렇게 뛰어다니면 안 힘들까 싶을 만큼 '체력'도 얻게 되니 노는 것에 진심인 엄마는 놀이터 출근을 멈출 수 없었다.

그렇게 차곡차곡 놀이터에서의 시간이 더해지니 아이들이 조금씩 성장하는 게 보였다. 아이 마음도 조금씩 강해져 오열하는 일이 줄었고 맷집도 생겼다. 다른 친구 감정을 헤아리고 배려하는 마음도 아주 천천히 생겨났다. 나처럼 숫기가 없었던 둘째는 초등학생이 된 뒤, 이제 제법 새로운 친구에게 먼저 다가갈 줄 알게 되었다. 놀고 싶은 마음이 아이들 속에 존재하는 한, 다가가 어울려야 하는 상황에 놓이게 될 테니 놀이 속에서의 성장은 늘 진행형이다.

어느 날, 한참 노는 재미에 빠져 있는 아이들과 아래 시를 몇 번이나 읽고 한바탕 웃었던 기억이 난다.

대단한 놀자

똥이 막 마려워서
집에 들어가려는데
친구를 만났어요
"나랑 놀자!"
"그으래!"

_ 『레인보우의 비밀 동시집』 중에서

그렇다. '놀자'는 참 대단하다. 같이 놀기 위해서는 마음에 안 드는 친구를 이해하려 애써야 한다. 여섯 살 아이가 그랬듯, 거절을 당하고 속상해도 다시 언니와 친구의 마음을 두드려볼 용기를 내게 하는 것이 바로 '놀고 싶은 마음'이다. 놀이터에 갔으니 재미나게 놀고 싶고, 그러기 위해서는 아이들이 좀 더 용기를 내야 한다. "나랑 같이 놀래?" "너 이름이 뭐야?" 하고. 시간이 걸려도 기다리고 지켜봐 주면, 아이들은 저마다의 방법으로 누군가에게 손을 내민다.

요즘은 유치원생들도, 초등학생들도 바빠서 놀이터에서 노는 아이들이 점점 적어지고 있단다. 아이들만 놀이터에서 놀게 하기는 불안하고 같이 나가기에는 맞벌이라 쉽지 않은 보호자도 있다. 친구들이 없어서 나가지 않는 아이들도 많고, 놀이터에서 갈등이나 일부 아이들의 욕설 사용 등으로 일부러 놀이터에 가지 않는 경우도 있다. 그럼에도 놀이터가 아이들 누구나 신나게 뛰어놀고 자연스럽게 어울리는 공간으로 굳건히 자리를 지켰으면 좋겠다.

아이들 유년 시절을 돌아보면 놀이터에서 뛰어놀고, 동네 친구, 형, 누나, 언니들이랑 모래놀이하며 심심하지 않게 보냈다. 놀이에 들이는 비용도 꽤 절약했고 신나게 놀아주지 못하는 엄마는 미안한 마음에서 조금은 자유로워졌다. 다시 아이를 키운다 해도 '밖에 나가서 놀기에 진심인 엄마' 캐릭터는 꼭 사수하고 싶다.

누구에게나 주어진 자연에서 실컷 놀기

가만히 있어도 땀이 삐질 나는 더운 여름. 땡볕 아래 놀이터에서 놀기 힘드니 아이들과 뭐 할지 고민하다 보면 결론은 항상 '물이 있는 곳'이었다. 아이들이 어릴 때부터 그랬다. 대형 쇼핑몰이나 마트는 에어컨 덕분에 시원하긴 하지만 아이들이 긴 시간 자유롭게 놀기는 힘들다. 사람들이 많다 보니 "조심해!" "만지지 마." "너무 큰 소리 내면 안 돼!" 하는 이야기를 수시로 해야 한다. 사람이 많은 곳에서는 주차하고 식당에 줄 서는 것만으로 피로도가 높아 아이들이 어릴 때에는 그런 곳은 거의 다니지 않았다. 키즈카페도 시원하지만 충분히 놀기에는 이용료가 부담되었다.

그래서 여름이 되면 어디로 물놀이를 하러 가볼까 열심히 찾기 시작한다. 어릴 때부터 물을 워낙 좋아했던 아이들이다. 날이 슬슬 더워지기 시작할 때쯤 각종 포털 사이트와 SNS 채널에서도 불쑥불쑥 광고가 나타난다. 전국 각지에 흩어져 있는 워터파크를 할인된 가격으로 이용할 수 있다며 손짓하는데 막상 클릭해 보면 4인 가족 기준 입장료 10만 원 정도는 기본이다. 특히 물에 뛰어들고만 싶은 한여름, 방학 기간에는 입장료가 더 올라간다. 게다가 보통 외부음식 반입이 안 되니 이것저것 사 먹고 하면 꽤 많은 돈이 나간다.

아이들 어릴 때는 물에 발만 담가도 신이 나고, 몸에 물만 뿌려줘도 까르르 하니 굳이 비싼 호텔 수영장이나 워터파크에 갈 필요를 못 느꼈다. 앉으면 허벅지나 허리 정도 오는 물만 있어도 물에 첨벙첨벙, 시간 가는 줄 모르고 논다.

아이들 어릴 때의 단골 물놀이터는 집 근처 계곡이었다. 운 좋게도 집에서 차로 10분 정도만 가면 관악산 계곡이 있어 더운 날 아이들을 차에 태우고 계곡으로 자주 갔다. 세 살이었던 둘째는 물이 흐르는 평평한 바위에 앉히고 모래 놀이도구를 몇 개 놓아주면 한참 놀았다. 다섯 살 첫째는 물에 무조건 들어가기 때문에 물안경과 튜브를 늘 챙겨 다녔다.

계곡이 가까워 아이들이 멀리 가지 않고도 물놀이를 즐길 수 있다는 건 좋았지만 아이들이 언제라도 "엄마, 계곡 가요~." 이야기하니 체력적으로 힘들 때도 있었다. 샤워실, 탈의실이 없다 보니 페트병에 물을 채워 햇볕에 데우고 대충 몸을 씻겼다. 돗자리로 아이를 동그랗게 감싸고 낑낑대며 옷을 갈아입히는 것도 더운 날에는 진 빠지는 일이다. 계곡이다 보니 어떤 날은 물이 많이 없어서 다시 집에 돌아오기도 하고, 모기에 물려 아이들이 가려워한 적도 많다. 울퉁불퉁한 바위에 펴 놓은 돗자리도 불편하다. 하지만 비용을 들이지 않아도 이렇게 물에서 놀 수 있는 시간이 주어지는데 이 정도는 감수해야지, 어릴 때 이런 불편함을 겪어보는 것도 좋은 경험이라는 생각으로 즐겁게 다녔다. 게다가 커다란 바위를 미끄럼틀 삼아 내려가고 돌을 모아 담을 쌓으며 노는 것만으로도 훌륭한 숲 체험이 된다.

여름날, 아이들 할머니 집에 내려가는 길이 5시간 넘는 장거리 여행이기에 중간에 쉬어갈 곳을 찾다 보면 계곡이 빠지지 않았다. 전국에 있는 계곡이란 계곡은 다 찾아볼 기세로 열심히 검색하고 후기를 읽어보며 아이들이 놀기에 괜찮아 보이는 곳을 물색했다. 평상 대여비나 자릿세를 받는 장소도 있지만 무료로 갈 수 있는 계곡이 더 많다. 물놀이도 할 수 있고 물고기나 다슬기도 잡았다가 놓아줄 수 있다. 편의 시설이 거의 없어서 구명조끼, 튜브, 간식, 아이스박스 등을 차에 챙겨 다녔다.

그중에서 괴산에 있는 선유동 계곡은 하행길, 상행길에 몇 번이나 들렀을 정도로 주변이 아름답고 아이들이 놀기에도 좋았다. 친정엄마는 "서울에서 운전해서 내려오는 것도 피곤할 텐데 너희도 참 대단하다."며 놀라워하셨다. 우리 부부는 아이들 어릴 때 물놀이에 정말 진심이었다.

아이들도 돗자리 속에서, 또는 화장실에서, 때로는 좁은 차 안에서 수영복을 갈아입는 게 익숙해졌다. 계곡을 보면 거침없이 뛰어들었고 유수풀, 슬라이드 이런 놀이 요소는 없어도 깊이가 다양한 계곡에서 즐거움을 느꼈다. 다슬기를 잡기도 하고 좀 깊은 물에서는 다이빙도 시도하면서. 계곡 물놀이는 아이들이 놀기에 안전한 곳인지 살펴보는 것부터 여러 가지로 신경 쓸 게 많다. 그럼에도 주변 풍경과 시원한 계곡물 덕분에 결국은 남편과 나도 즐기고 온다. 1년 동안 구례에서 농촌 유학을 하는 동안에도 계곡은 아이들의 최고 물놀이 장소였다.

저렴하게 즐길 수 있는 물놀이 시설로 동네 물놀이터와

한강 수영장도 나의 레이더망에 포착됐다. 가끔 지하철을 타고 한강 근처를 지나갈 때면 사람들로 빼곡한 수영장을 보고 '어휴, 저렇게 사람 많은 데 가면 고생이지' 했는데. 잠시 한강 근처에 살았던 1년 동안 결국 나도 거기에 합류하고 말았다. 주차장에 차도 많고, 사람도 많고 더운 날 정신이 없었지만 서울 시민 다자녀 할인 혜택까지 있어 부담 없이 즐기기에 괜찮았다.

요즘은 동네마다 무료 물놀이터 시설이 잘되어 있다. 집 바로 근처가 아니면 주차가 힘든 경우도 있지만 그래도 아이들 대여섯 살부터 물놀이터를 검색해 열심히 찾아다녔다. 지금 이사 온 곳에는 마침 근처 공원에 물놀이터가 있어 거의 매일 이용하다시피 했다. 덕분에 시원하게 여름을 보냈다. 학년이 올라가니 이제는 예전만큼 재미있어하지 않아 아쉬울 따름이다.

아이들이 좀 큰 지금은 여름휴가 때 동해로 캠핑을 자주 떠난다. 어릴 때 가끔 친정 근처 남해 바다에 가서 모래놀이도 하고 튜브도 타며 놀았는데 동해는 파도가 정말 달랐다. "역시, 파도는 바다 파도지!" 아이들은 바닷물에 살짝 발만 담갔는데도 밀려오는 파도를 보며 롤러코스터 타듯 소리를 지르며 즐거워했다. 다음 날 본격적으로 자연 파도에 몸을 신고 열심히 모래 구덩이도 파고 모래놀이도 하며 종일 신나게 놀았다. 설악산이 보이는 계곡에서는 안전하고 적당한 곳을 찾아 구명조끼를 입고 튜브 위에서 더위를 날렸다.

바다와 계곡에서 신나게 여름을 보내고 왔던 날, 공짜로 물놀이터를 제공해주는 자연이 얼마나 고맙던지. 비용에 대한 큰 부담 없이, 날씨만 허락한다면 마음껏 즐겁게 놀 수 있는 게 자연이다. 아이들도 재미있다며 엄지를 치켜세웠다.

아이들 방학에 친정 내려가는 길, 올해도 어김없이 괴산에 눈여겨봐둔 야외 수영장을 찾아갔다. 구불구불 산길을 따라 들어가니 커다란 물놀이장이 산 속에 폭 안겨 있었다. 시설이 오래되긴 했지만 네 식구 모두 2만 5천 원에 신나게 즐겼으니, 집에서 가까우면 또 가고 싶다.

친정 근처에 위치한 도심 속 계곡도 역시 소중한 물놀이 장소다. 며칠 친정에서 머물고 나서 집으로 올라가려는데 그냥 가려니 또 아쉬워졌다.

"집에 올라가는 길에 계곡에 들러볼까?" 남편 옆구리를 쿡쿡 찔렀다.

"엄마는 계곡이 그렇게 좋아요? 우리는 그냥 집에 가고 싶은데." 아이들이 동시에 나를 보며 외쳤다.

"어머! 옛날 같으면 또 가요 했을 텐데 너희들 이러기야?"

계곡에 따라갈 날도, 엄마 아빠랑 놀 날도 얼마 안 남았을 거라는 지인의 말이 떠올랐다. 이제 보물 같은 물놀이 장소를 찾아 신나게 놀 궁리를 할 날도 얼마 안 남은 건가. 초등학생이 되고 워터파크를 몇 번 가자 아이들은 그 재미를 알게 되었다. 좀 더 크면 친구들이랑 삼삼오오 모여 워터파크 놀러가려나. 남편도 나도 양손에 바리바리 짐을 싸 들고 계곡으로, 바다로 찾아갔던 그 시절을 언젠가는 그리워하게 될지도 모르겠다. 풀빌라나 워터파크는 자주 갈 수 없으니 물놀이 할 수 있는 다른 곳을 폭풍 검색해 찾아갔던 엄마 마음을 아이들이 이해할 날이 올까. 뜨거운 햇볕 아래 한참을 놀고 돌아가는 길, 몸은 고되지만 우리가 할 수 있는 만큼 해줄 수 있어 뿌듯했던 날들을.

양육자가 숲 동무가 되어주는 방법

같이 놀 동무만 있다면 자연도 놀이 환경으로 충분합니다. 어른의 역할도 줄어듭니다. 아이들이 안전하게 잘 놀고 있는지 옆에서 지켜보면 되니까요. 숲 친구가 없더라도 너무 걱정하지는 마세요. 양육자가 숲 동무가 되어주면 되니까요.

'즐거운 시간' '배움의 시간'이 되어야 한다는 부담 내려놓기

아이들과 나가면 아이가 재미있어하는지, 지루해하지는 않는지 확인하거나 신경 쓰게 됩니다. 저도 그랬답니다. 이왕 아이들과 즐겁게 보내려고 나온 것이니 아이 기분, 흥미 정도에 관심을 가지는 것도 당연합니다. 그런데 자꾸만 아이가 어떤지 신경 쓰다 보면 부모님도 그 시간을 온전히 누리지 못하고 어른에게도 힘든 시간이 될 수 있더라고요.

혹시나 심심해하는 것 같거나 흥미 없어 보이면 "이거 해볼까?" "이거 하면 재미있을 것 같은데." 하고 자꾸 먼저 제안하게 됩니다.

아이가 심심하다고 말하지 않는다면, 지루한 시간을 자기만의 방법으로 보내도록 지켜봐 주세요. 아이가 스스로 놀거리를 찾을지도 모릅니다. 무언가를 같이 하자고 이야기할 수도 있고 아이에게도 스스로 지루함을 견디는 기회가 필요합니다.

아이에게 나무, 식물, 곤충의 이름을 알려주고 설명해줘야 한다는 부담감도 내려놓으면 어떨까요. 저 역시 사진을 찍으면 꽃, 식물 이름을 알려주는 애플리케이션을 열심히 사용하기도 했지만 모른다고 해도 아이들은 크게 신경 쓰지 않더라고요. 알려줘도 금방 잊어버리기도 하고요. 가끔 집에서 나무도감, 식물도감 등을 같이 보면서 "그때 봤던 거랑 비슷하네?" 하고 나중에 알아봐도 괜찮답니다.

숲에 가는 길이 오래 걸리지 않게, 가까운 곳으로

왠지 숲 체험, 숲 놀이 하면 제대로 된 숲이나 산으로 가야만 할 것 같은 느낌이 들어요. 집 주변 산이나 숲 체험장은 얼마나 걸리는지 검색해 보기도 하고요. 바로 근처에 있다면 좋지만 조금 거리가 있으면 가는 길에서부터 아이들이 흥미를 잃을 수도 있어요. 숲까지 걷는 길이 너무 오래 걸리면 다음에는 잘 안 따라나서기도 한답니다. 꼭 산이나 울창한 숲이 아니라도 가까운 공원도 괜찮아요.

또 다양한 장소를 가는 것보다 같은 장소에서 놀면서 계절의 변화를 관찰하는 것도 좋다고 해요. "여기 있던 나무에 꽃이 피었네." "저번에 꽃이 핀

자리에 열매가 생겼다!" 하고요. 집 근처 공원부터 찾아보고, 너무 힘들지 않은 범위에서 버스, 자전거 등을 타고 가며 여행처럼 느껴지게 해도 좋을 것 같아요.

아이들이 좋아하는 것을 챙겨 가기

둘째는 '산에 가는 것 = 도시락 먹기'의 등식을 머릿속에 가지고 있어요. 예전에 산에 갈 때 도시락으로 많이 꾀어냈거든요. 김밥, 유부초밥을 싸 가기도 하고 샌드위치, 과일, 맛있는 간식을 챙겨 갈 때도 있었고요.

아이가 좋아하는 공룡, 캐릭터 인형 등을 챙겨 가는 것도 추천합니다. "나뭇가지로 이 친구들 놀이터 만들어볼까?" 하고 관심을 유도해 봅니다. 가져간 준비물로 아이가 혼자서 새로운 놀이를 만들어 내기도 한답니다.

작은 삽, 그릇, 접시 등 소꿉놀이를 준비해도 유용해요. 흙도 퍼 담고, 절구 놀이도 하고, 음식 만드는 놀이도 하고요. 자연만큼 훌륭한 소꿉놀이 장소도 없답니다.

아이가 좀 어리다면 돋보기 같은 도구도 추천하고 자연물을 올려 관찰하기 좋은 하얀 면 보자기 같은 것도 좋은 준비물이 됩니다.

재미난 활동지, 아이들을 위한 미끼를 던지자

좀 큰 아이들이라면 소꿉놀이 등이 통하지 않을지도 몰라요. 숲이나 산에 가자고 하면 "아~ 시시해~." 할지도 모릅니다. 그럴 땐 뭔가 게임처럼 할 수 있는 활동지도 좋더라고요. 먼저 아이와 같이 갈 곳을 둘러보고 활동지를 만드는 것도 좋은 방법이에요. ○○ 찾아보기, 이행시 삼행시 지어보기, 바위 모양을 보고 이름 지어주기 등 과제를 내주고 게임처럼 점수를 획득하게 해봅니다. 점수 획득 시 작은 선물이나 간식을 적어놓으면 아이들 흥미를 조금 더 끌 수 있겠죠? 아이에게 활동지를 만들어 보라고 하는 것도 좋겠고요.

집 앞 산책 숲 놀이

① 회양목에서 부엉이를 찾아보세요!

공원이나 화단에서 제일 많이 볼 수 있는 나무가 아마 회양목일 거에요. 봄에는 회양목의 노란 꽃을 관찰하고 5월쯤 콩알 같은 열매도 관찰하세요. 가을이 되면 회양목에서 열매가 익어 가는데 열매가 벌어질 때 꼭 부엉이 같은 신기한 모습을 볼 수 있어요. "그때 콩알만 했던 열매가 이렇게 부엉이 모양이 됐네!" 하고 아이와 부엉이 찾기 놀이를 해 보는 건 어떨까요.

② 꽃이 피는 봄, 디자이너 되어볼까

봄이 되면 알록달록한 꽃이 여기저기 핍니다. 놀이터와 공원에도 꽃이 필 때, 종이에 옷을 그려서 구멍을 내어 가져가 보세요. 옷 모양이 아니더라도 구름, 공룡, 자동차 등 아이들이 좋아하는 모양을 그려 오려도 괜찮습니다. 종이를 화단 위에 그대로 올려보면 다양한 디자인의 옷이 탄생합니다. 떨어진 벚꽃 잎을 올려 원피스를 꾸며보기도 하고요.

③ 종이에 나뭇잎을 붙여 상상의 나래를 펼치기

어느 날, 놀이터를 산책하다가 아이랑 나뭇잎 몇 장을 주워 왔습니다. 도화지를 네 등분해서 가족들이 하나씩 나눠 가지고 나뭇잎을 붙여 그림을 그려봤어요. 타조도 되고 풍뎅이도 되고, 곤충의 비를 막아주는 우산이 되기도 하고요. 그렇게 나뭇잎을 붙여 상상의 나래를 펼쳐봅니다. 나뭇잎뿐만 아니라 작은 나뭇가지를 흰 천 위에 올려놓고 요리조리 모양을 만드는 놀이도 아이들이 재미있어한답니다.

④ 맴맴 우는 매미, 나무에 붙은 매미 허물

　여기 있다!

여름이 되면 맴맴 매미 울음소리를 흔히 들을 수 있어요. 매미 소리가 많이 나는 나무를 자세히 살펴보면 매미 허물을 발견할 수도 있는데요. 나무에 붙어 있기도 하고 땅에 떨어져 있기도 하답니다. 허물을 발견했다면, 땅속에서 어떻게 유충이 올라와서 매미 성충이 되는지 책을 찾아보는 것도 좋겠고요.

⑤ 솔방울로 할 수 있는 놀이는 무궁무진

공원에서 흔히 볼 수 있는 소나무 아래, 솔방울을 많이 발견할 수 있어요. 작은 솔방울을 주워 공기놀이할 수도 있고 나뭇가지를 꽂아 꼬치구이 놀이도 할 수 있답니다. 굵고 튼튼한 나뭇가지와 솔방울만 있으면 솔방울 골프도 가능해요. 작은 구덩이를 파서 솔방울 넣기를 해봅니다. 양궁처럼 천이나 큰 종이에 과녁판을 그려놓고 솔방울 던져

점수 더하기 게임도 할 수 있고요. 솔방울로 할 수 있는 놀이가 참 많아요. 소나무잎으로 빗자루처럼 먼지를 털어보거나 머리카락처럼 꾸며볼 수도 있답니다.

⑥ 감꽃 소꿉놀이, 감꽃 목걸이 만들기

요즘은 공원이나 아파트 화단에 감나무가 몇 그루씩은 있는 것 같아요. 5월이 되면 연한 노란색 감꽃이 바닥에 떨어져 있는 걸 볼 수 있습니다. 어느 날, 아이가 두 손 가득 감꽃을 가져왔어요.
"엄마, 팝콘 먹어요~." 떨어진 나뭇잎 두 장을 주워 고깔 모양을 만들고(작은 나뭇가지로 이쑤시개처럼 고정해 줍니다) 감꽃을 담아 소꿉놀이를 했어요. 감꽃에는 송송 구멍이 있으니, 실에 꿰어 목걸이나 팔찌를 만들어도 좋답니다.

⑦ 눈과 얼음으로 할 수 있는 자연물 놀이

겨울에는 눈만 있으면 어떤 놀이도 할 수 있어요.

삽으로 눈을 퍼서 자연물을 올려 멋진 빙수도 만들어 볼 수 있고요, 영하의 날씨에 작은 접시나 그릇에 물을 채우고 자연물을 주워서 안에 넣습니다. 바깥에 두고 얼려서 예쁜 얼음 장식을 만들어 볼 수 있어요. 냉동실에 넣어도 되고요. 끈을 같이 얼리면 걸어두기에도 좋습니다. 금방 녹겠지만 얼음 안에 들어 있는 나뭇잎, 열매가 참 예쁩니다.

2장

아이 교육, 어떤 선택이든 장점은 있기에

동네 예체능에서
운동 배우기

첫째가 다섯 살 때 '줄넘기 학원'이라고 적힌 차량을 보았다. 나는 어릴 때 '꼬마야 꼬마야'에서부터 시작해 동네에서 뜀박질하며 줄넘기를 배웠기에 약간의 문화충격이었다. 요즘 줄넘기 학원에서는 기술뿐 아니라 신나고 다양하게 즐길 방법도 배운단다. 예체능 학원의 세계는 넓고도 다양하다.

"남자아이들은 학교 들어가면 운동 한두 개는 해야 하잖아. 그래서 축구 교실도 보내는 거고, 수영은 좀 일찍 배워두면 좋고."

초등생 아이를 둔 선배 엄마의 이야기를 들으며 '해야 하는 것도 참 많구나' 했었다. 운동 좋아하면 좋지, 성장에도 도움되고 자신감도 키워주고. 나도 운동을 좋아하는 사람이라 아이들이 잘하는 운동 하나쯤 있으면 좋겠다.

하지만 비용이 부담스럽기도 했다. 비슷한 또래의 아이를 키우는 친구의 SNS 프로필 사진에는 아이가 배우는 다양한 스포츠가 등장한다. 수영, 테니스, 골프, 발레, 축구, 스키까지. 종목도 다채롭고, 운동을 배우는 아이의 표정도 즐거워 보여 부러운 마음도 든다. 그래도 어쩌랴, 다 시켜 줄 수 없는 것을. 대신 아이들이 어릴 때부터 운동과 재미있게 만날 수 있는 방법을 이리저리 고민해 보았다.

생각해 보면 나는 어릴 때 운동을 정식으로 배운 적이 없다. 집안 형편 때문에 부모님이 딸 셋을 학원에 보내주기 어려웠다. 친구들이랑 동네에서 줄넘기하고 술래잡기, 고무줄뛰기를 하며 기초 체력을 키웠다. 다행히 체육 시간을 좋아해서 피구와 발야구 등 공놀이에도 적극 참여했다. 가끔 야구장에 데려가 주신 아버지 덕분에 고등학생 때 야구 중계를 듣는 것도 꽤 즐겼다.

어른이 된 뒤 배우고 싶은 것이 있으면 내가 번 돈으로 등록해서 운동을 배웠다. 사회 초년생 때는 아침 수영을 등록해 접영까지 배웠다. 회사 출근 전 새벽마다 테니스 개인지도를 받기도 했다. 회사에서 스키장으로 워크숍을 가게 되어 처음으로 보드를 배우고 신나게 탔다.

어릴 때 운동을 몇 가지 제대로 배워두는 것도 좋지만

사정이 여의치 않을 수도 있다. 대신 기초 체력을 키워주고 운동하고 움직이는 것을 좋아하는 마음이라도 가지게 해주고 싶었다.

'사설 운동 강습을 이용하지 않아도 어릴 때 재미있게 운동에 스며들게 할 수 있어요.' 나와 비슷한 상황의 부모들에게 팁을 알려주고 싶었다. 그래서 프리랜서로 일했던 테니스 잡지사에 〈엄마표 테니스〉를 연재하고 싶다고 했더니 8회 정도 연재할 기회가 주어졌다. 첫째가 다섯 살, 둘째가 세 살 때 푹신한 공과 장난감 라켓을 사서 공원이나 운동장에 가서 틈틈이 놀았다.

"자, 엄마 봐봐. 이렇게 라켓 위에 공을 올려두고 저기 한 바퀴 돌고 오는 거야. 공 안 떨어트리고 천천히 갔다 와야 성공!"

떼굴떼굴 굴러다니는 공을 쫓아다니는 것만 해도 아이들은 즐거워했다. 연재 때문에 이번 달은 이거 해야 되는데, 하고 목표를 세웠다가도 결국은 아이들이 재미있어하는 방향으로 흘러갔다. 몸으로 하는 건 억지로 시키다 보면 역효과가 생길 수 있다. 운동이든 만들기든 그림 그리는 것이든 아이들이 싫어하지 않도록 하는 게 중요하다는 걸 깨달았다. 유아용 테니스 라켓도 사고 나중에는 휴대

용 테니스 네트도 주문했다. 아이들이 좀 커서 라켓을 잘 사용할 수 있게 됐을 땐 공 주고받기를 즐겼다. 누군가는 어릴 때 자세를 제대로 잡아야 하니 전문가에게 배우는 게 중요하다고 하지만 비용이 부담되기도 한다. 아이들에 따라서는 그렇게 제대로 배우는 과정에서 오히려 스트레스를 받거나 재미가 떨어질 수도 있다.

해외 테니스 아카데미 기사를 쓰면서 유아 스포츠에서 가장 중요한 것은 재미라는 걸 알게 됐다. '엄마는 너희에게 운동에 대한 흥미라도 선물해 주마' 하는 마음으로 아이들이 관심을 두는 운동에 촉을 세웠다.

아이들이 인라인스케이트를 타고 싶어 할 때는 먼저 중고 시장에서 장비를 구매하고 같이 영상을 보면서 집에서 자세를 연습했다. 밖으로 나가서 천천히 한 발 한 발 나아가는 연습을 반복하며 조금씩 실력을 익혔다. 물론 하다 보면 넘어지고 마음먹은 대로 안 되는 과정을 거쳐야 한다. "왜 잘 안되는 거야."라고 짜증 내는 아이를 지켜보는 건 쉬운 일은 아니지만 "잘하고 있어. 어제보다 이만큼이나 혼자 더 갔잖아." 하며 응원해 주었다.

첫째가 일곱 살 때는 한창 놀이터에 줄넘기 붐이 일었다. 막 줄넘기를 시작했던 아이도 한 개, 두 개 넘기를 성공하다가 더 잘하는 아이들에게 자극을 받았는지 열심히 연습했다. 어른 두 명이 줄넘기 두 개를 이어서 돌려주고 "꼬마야 꼬마야~." 노래를 부르며 노는 것도 좋아했다. 처음에는 겁이 나서 들어가는 것도 시도하지 못한 아이들이 줄을 뛰어넘는 재미를 알아갔다. 다섯 살이었던 둘째도 그때 처음 줄넘기의 세계에 발을 들였는데 함께했던 동네 언니 오빠들 덕분에 즐겁게 줄넘기를 배울 수 있었다.

어린이용 농구공을 사서 운동장에서 같이 공 튀기기도 하고, 작은 배트와 푹신한 공을 사서 널찍한 공원에서 들고 다니며 놀기도 했다. 농촌 유학 중에는 그물망을 쳐놓은 너른 뒷마당이 있어서 중고로 어린이용 골프채를 샀다. 첫째는 골프채를 처음 잡아본 날, 손에 물집이 나도록 2시간 동안 스윙 연습에 푹 빠졌더랬다.

최근에는 프로 야구 중계를 종종 보는 나를 따라 첫째가 야구에 관심을 가지기 시작했다. 어린이용 야구 상식 책을 빌려 두었더니 아이가 흥미롭게 읽었다. 비싸지 않은 글러브와 야구공을 사서 남편과 아이가 캐치볼을 했고 집 앞 배드민턴장에 사람이 없을 땐 어린이용 배트를 가져가 놀기도 했다.

지금은 첫째가 놀러 나갈 때 농구공, 어린이용 배트, 공,

글러브 등을 챙겨 나간다. 축구공을 가져오는 친구도 있기에 축구, 야구, 농구 등 짧은 시간 다양한 종목을 즐기다 오는 것이다.

요즘은 중고 시장도 잘 되어 있으니 비싸지 않은 장비를 사서 운동장이나 공원에 나가 요리조리 해보는 것도 좋다. 아이는 운동에 재미를 느끼고 뭐든 시도해 볼 수 있는 힘을 얻는다.

첫째가 고학년이 되고 나서는 전문적으로 배우고 싶은 운동을 이야기하곤 한다. 축구를 하고 싶은데 친구 모으기도 어렵고 무엇보다 장소가 없다며 축구 교실을 다니고 싶어 했다. 그래서 방과 후 수업이나 공공 체육 센터를 열심히 찾으며 발품을 팔았다. 아이들이 동네 체육으로 어느 정도 체력을 키우고, 자기가 하고 싶은 운동을 찾아 수업을 들으니 꼭 어릴 때 전문적인 교육을 듣지 않아도 괜찮았다.

이렇게 운동은 동네에서 어떻게든 해보겠는데, 미술이나 음악은 집에서 하는 것이 쉽지 않다. 예전에 3학년 첫째 친구 엄마와 만나 이런저런 예체능에 관한 이야기를 나누다가 그분이 정보를 하나 주셨다.

"저희 아이는 여기 근처 미술관에서 주말 수업을 받거든요."

"아! 미술관에서도 수업이 있어요?"

"네. 미술관 야외에서 그림도 그리고 괜찮더라고요. 선착순이라 치열하긴 한데 다음 학기에 한번 들어가 보세요."

집에 와서 집 근처 미술관 홈페이지에 들어가 보니 초등학생들을 대상으로 하는 소묘, 조각 수업 등이 있었다. 2시간씩 월 8회 수업하는 데 40만 원. 신규반, 정규과정, 연구반까지 차례대로 신청해 수강하는 것 같았다. 미술관에서 하는 수업치고는 적절한 비용 같았지만 금액이 부담스러웠다. 아이들이 이것저것 배우려면 어느 정도 돈이 필요하다는 요즘 현실이 때때로 좌절감을 준다. 하지만 찾아보면 비용을 들이지 않거나 적은 비용으로도 아이들이 하고 싶은 것을 할 수 있도록 하는 방법이 있다.

미술 학원에 다녀 본 적은 없지만 아이들이 어릴 때 거실 벽 한쪽에 커다란 화이트보드를 설치하고 옆에는 화이트보드 재질의 종이를 붙였다. 비록 주변 벽지가 얼룩덜룩해지기도 했지만, 아이들은 거대한 스케치북에 마음껏 그림을 그렸다가 지우기를 반복했다. 늘 뭔가를 즐겁게 그리다 보니 미술을 좋아하는 아이들로 자랐다. 박스를 주워 와서 집을 만들기도 하고 재활용품과 클레이 등을 자주 활용하기도 했다. 산이나 공원에 가면 자연물로 할 수 있는 미술 놀이가 얼마나 많은지. 전문가처럼 해줘야 한다는 부담도 내려놓는다. 오히려 멍석만 깔아주고 그 이후는 아이들이 원하는 대로 하는 쪽이 엄마도, 아이들도 더 편하다.

싫어하지 않는다면 가능성은 열려 있다. 살짝 맛보기만 해줘도 '잘하고 싶다'라는 동기부여가 생기기도 한다. 자기가 원하는 것을 제대로 배우고 시작할 기회가 왔을 때 지치지 않고 즐겁게 할 수 있도록 도와주는 것으로도 충분하다.

서로 미안한 마음
갖지 않으려고

가족들이 모인 어느 날, 기분 좋게 취기가 오른 친정엄마가 한참 예전 이야기를 하셨다. 나는 피곤해서 큰방에 누워 있던 참이었다. 엄마가 하시는 얘기가 선명하게 들렸다.

"내가 그게 참 한이다. 우리 정화 공부 뒷바라지 못 해준 거. 그때 학원도 보내주고 더 잘해줬으면 더 좋은 학교도 가고 했을 텐데."

그전에도 한 번씩 하셨던 말씀이라 '우리 엄마 또 그 얘기네' 하면서도 울컥했다. 몇십 년이 지났는데 아직도 그렇게 미안할까. 나는 잘 살고 있는데 왜 엄마는 더 좋은 학교 못 보낸 게 한이 되는지 괜히 화도 났다.

자식을 키워봐야 부모 마음을 안다는데 나도 나중에 아이들이 크면 이런 마음을 갖게 될까. 안 그래야지 하면서도 못 해준 게 더 생각나고, 그게 늘 미안함으로 남을까 벌써 걱정이다. 아이를 키우며 꼭 바라는 것 중 하나는 서로가 서로에게 미안해하지 않는 것이다.

"너희가 배우고 싶다는 거 다 못 시켜줘서 미안하구나."

"뒷바라지해 주셨는데 공부도 안 하고 좋은 대학 못 가서 죄송해요."

부모와 자식 간에 이런 미안함을 안고 살아간다면 많이 슬프고 안타까울 것 같다. 하지만 그러고 싶지 않아도 한국의 교육 현실은 자꾸만 서로에게 부채감을 안기도록 만든다. 무리해서 공부를 시킬 수밖에 없는 경쟁적인 교육, 아이가 좋은 성적을 받고, 공부로 성공해야 부모 역할을 잘한 것이라 여기는 분위기가 서로에게 죄책감을 주는 상황을 만든다.

미안함 대신 아이들과 함께한 시간 자체가 참 충만했고 즐거웠다고 기억하려면 어떻게 해야 할까. 교육에 대한 소신을 가지려 노력한 건 바로 이 고민에서부터였다. 그리고 이건 교육비에 대해 어떤 관점을 가지고 어떤 계획을 세울 것인지와 연결되었다.

오랜만에 친구와 통화를 한 남편이 "친구네는 한 달 교육비가 꽤 많이 들어간다고 하네."라는 말을 했다. 첫째가 중학생이니 아무래도 사교육비 지출이 만만치 않을 것이다. 어디 그 집뿐이랴. 한국에서 사교육비에 대한 고민은 아이를 키우며 결코 피할 수 없는 문제다. 어떤 이가 우리나라 저출산의 이유 중 하나는 영어유치원이라고 하길래 그건 좀 비약인 것 같다고 했지만. 그 정도로 어릴 때부터 교육비 부담이 크다 보니 한 명 키우기도 버겁다고 느껴지는 게 현실이다.

"나중에 우리도 그 정도 시키려면 지금 월급으로는 힘들 텐데, 다른 데라도 알아봐야 할까?" 걱정하는 남편에게 "우선은 우리 형편으로 할 수 있는 방법을 생각해 보자."라고 했다.

아이들 취학 전에는 '지금은 실컷 놀 시기니까' 하는 마음으로 교육 기관을 이용하지 않았다. 첫째가 초등학교 입학한 뒤에는 학원비가 부담스러워 방과 후 교실 한두 가지만 신청했다. 성적을 중시하는 교육 과정을 무작정 따라가지는 말자는 다짐도 있었지만, 경제적인 상황도 이런 다짐을 공고하게 만들었다. 저학년 때부터 학원에 다닌다면 앞으로 늘어나는 학원비를 어떻게 감당하나 싶어 국영수 학원에 보내는 시기를 최대한 늦추려고 했다.

첫째가 5학년, 둘째가 3학년인 지금은 합기도와 수영을 함께 다닌다. 운 좋게 시에서 운영하는 체육센터 수영 강습을 신청하면서 적은 비용으로 수영 강습을 받는 중이다. 체육센터 농구 교실도 저렴해서 첫째가 부담 없이 농구를 배우고 있고, 둘째는 2년째 방과 후 요리 교실을 다니고 있다. 학습 관련 학원에 다니지 않는데도 매달 45만 원 정도 교육비가 지출된다. 둘이서 학원비 백만 원을 넘기는 건 순식간이겠구나 하는 생각이 들었다.

아이가 초등학교 고학년이 되면 본격적으로 공부와 성적에 신경 써야 한다는 충고를 듣는다. 집에서 공부를 가르치다 보면 사이만 나빠질 뿐이라고 학원을 권유하기도 한다. 하지만 사교육비에 신중할 수밖에 없다. 당장 학원 하나를 보내는 금액만 생각한다면 그리 고민할 문제가 아닐 수도 있지만, 아이 교육은 일이 년으로 끝나는 것이 아니기 때문이다. 남편 월급은 한정되어 있고, 아이들이 커가면서 가계 경제가 더 빠듯해질지 모르기에 아이가 원하고 꼭 필요할 때 사교육비를 써야겠다고 생각 중이다.

혹여나 무리해서 시킨다면 이만큼 학원비를 냈으니 빨리 눈에 보이는 결과를 얻어야 할 텐데 하는 조바심이 생길 것 같았다. 그래서 아이 교육에 대해 생각할 때 더욱 냉정하게 바라보아야 했다. 성적과 입시가 아닌 교육의 목

표와 가치를 찾는 일이 꼭 필요했다. 뿌리가 튼튼해야 바람이 불고 흔들려도 뽑히지 않는 것처럼 단단해지고 싶었다. 나와 비슷한 교육관을 가진 사람들의 책을 읽고, 용기를 얻었다. 블로그에 아이들 교육에 대한 글을 쓰며 마음을 다잡았다. 결혼 전에 언니 집에 놀러 갔다가 우연히 보게 된 책『내 아이가 책을 읽는다』에서 박영숙 느티나무도서관 관장님의 말씀이 오래도록 기억에 남았다. '타고난 호기심에 굳은살이 박이기 전에 배우는 즐거움을 알게 할 수는 없을까. 세상에 대한 두려움을 갖기 전에 어울리는 기쁨을 누리게 할 수는 없을까. 이러다 꽃을 피우겠지.'라는 구절을 마음에 꾹꾹 담곤 한다.

생각해 보면, 학창 시절 12년 동안 나는 우리나라 입시 교육에 대해 어떤 이견도 제기해 본 적이 없다. 야간 자율 학습 시간에 착실하게 책상에 앉아 있던 학생이었다. 부모님은 그저 딸 셋이 대학교만 나오면 좋겠다는 꿈을 갖고 계셨을 뿐, 공부나 성적으로 우리들의 자존감을 낮추는 법은 없으셨다. 사교육을 억지로 받아야 하는 처지도 아니었다. 집안 형편상, 몇 달 정도 단과학원에 다녀본 게 다였으니, 외부로부터 사교육이나 성적에 대한 압박을 크게 받은 적은 없는 것 같다.

　그런데 아이들을 키우다 보니 '유아기 학습' '선행 학습' '사교육' '입시제도' 등에 민감하게 반응하게 되었다. 아이들의 시선에서 교육과 성적 중시 사회를 바라보는 일에 조금씩 관심을 두게 되었다. 아이와 어떤 일상을 보내고 싶은지 고민하다 보니 외면할 수 없는 문제였다. 아이가 준비되어 있고, 스스로 원할 때, 그리고 꼭 필요한 상황일 때 사교육을 이용하는 방향으로 나아가기로 했다. "그러다 나중에 후회할지도 모른다."라는 이야기를 듣기도 하지만 모든 선택에는 양면이 존재하는 법이다.

　아이가 저학년 때 심심해하더라도 학원을 보내거나 학습적인 부분으로 채워주는 대신, 밖에 나가서 뛰어놀거나, 집에서 같이 노는 방법을 택했다. 지루해하기도 하면서 자기가 좋아하는 것을 발견하고 스스로 시간을 보내는 방법을 찾도록 해주고 싶었다. 아무것도 안 하는 시간, 학습 외에 다른 것으로 채워가는 시간을 통해 아이들은 자기가 관심 있는 것에 몰입하는 즐거움을 얻기도 한다. 만약 나중에 좋아하는 것을 정말 배우고 싶어 하고, 어떤 도움이 필요하다고 이야기할 때 사교육비를 쓸 것이다.

　아이가 원하는 학원을 다 보내주지 못해도 솔직하게 이야기하려고 한다. "살다 보면 원하는 것들 다 하지 못할 때가 더 많단다. 당연히 누리는 건 없고 우리 집에서 너희들은 이만큼의 교육비를 사용할 수 있어. 학원에서만 할 수 있는 것들, 너희가 더 간절히 필요한 것을 선택하면 돼. 그리고 배움이 꼭 학원에서만 이뤄지는 건 아니니까 필요하다면 같이 다른 방법을 찾아보자.”

현재 우리 집 사교육비가 얼마라는 건 옳고 그름의 문제가 아니라 ‘선택’일 뿐이다. 누군가에게는 꼭 필요할지도 모르고, 누군가는 더 큰 비용을 지출할 수 있다. 그리고 다른 선택을 한다고 해서 미안해할 일은 절대 아니다. 아이들의 진로 또한 마찬가지일 것이다. 공부를 못 하거나 좋은 대학을 못 가고 좋은 직장에 취직하지 못하는 게 부모에게 미안할 일은 아닌데 말이다. 그 기준 또한 사람마다 다른 것이니 함부로 평가할 수도 없다. 혹시나 나도 언젠가 아이에게 그런 미안함을 가지게 할까 봐 걱정도 된다. 미안함은 죄책감을 동반한다. 실수로, 고의로 해를 끼치는 일이 이니라면 서로 미안해하지 않았으면 좋겠다. 혹시나 그럼에도 미안한 마음이 든다면, 다른 부분으로 채워줄 방법을 고민하면 어떨까.

교육 격차를
어떻게 바라볼까

예전 회사 선배가 맛있는 밥을 사준다고 해서 즐겁게 나갔다. 내가 처음 회사 들어갈 때 꼬물꼬물 아기였던 딸이 벌써 대학생이 되었다길래 놀라운 마음으로 축하도 하고 고생했다고 말씀드렸다. 대한민국에서 자녀의 입시 과정을 지켜보는 일이 어디 보통 일인가. 선배는 이런저런 현실적인 이야기도 많이 해주었다.

"나도 선행에 대해서는 그렇게 신경을 안 썼거든. 근데 공부를 곧잘 하던 애가 고등학교 1학년이 되어서는 막 우는 거야. 너무 시간이 없다고. 쉬지 않고 공부를 해도 일찍부터 달린 아이들을 따라잡을 수가 없다고."

'아. 현실은 이렇구나.'

기분 좋게 밥을 먹고 오면서도 마음 한편은 무거웠다. 이토록 치열한데, 초등학생 때부터 어느 정도 방향을 잡아서 준비해야 한다는데 이렇게 느긋하게 있어도 되는지. 아이들이 학교 들어가기 전에도, 입학 후에도 학원을 다니거나 학습지 같은 걸 하지 않고 조금씩 학교 공부만 했다. 하루는 동네 엄마가 궁금해하며 물었다.

"불안하거나 걱정되지 않아요? 애들이 조금만 커도 다른 친구랑 비교하고 그러면 엄청나게 속상해한다는데."

"공부를 잘 못해도 긍정적이고 자기를 사랑하는 마음을 키워주면 커서도 잘 헤쳐 나갈 수 있지 않을까요?"

"아휴 그러면 좋은데, 우리나라는 공부 못 하면 자존감이 확 떨어지는 환경이니까. 그래서 엄마들이 아이들 공부 어떻게든 시키려고 하는 거 아니겠어요?"

"그건 그런데…."

이런 대화가 오고 갈 때 나는 현실에 맞지 않는 꿈같은 이야기를 하고 있는 것 같다. 현실은 아무리 그렇더라도, 우리는 다르게 생각하고 실천하자고 쓰는 글이 그저 뜬구름 잡는 소리는 아닐지 마음이 무겁다. 아이 자존감을 키워주고 싶지 않은 부모가 어디 있을까. 그런데 현실에서는 성적이 성실함의 잣대가 되고, 공부 못하는 아이보다 공부 잘하는 아이에게 너그러운 경우가 종종 있다. 집에서는 "괜찮아, 공부가 전부는 아니야. 공부를 잘해도 못해도 있는 그대로의 너를 사랑해."라고 말해주더라도 아이들은 10년이 넘는 시간, 공부로 인해 크고 작은 상처를 받는다. 아프고 슬프지만 이게 현실이다.

아이가 공부 때문에 상처받지 않도록 부모들은 아이들이 어릴 때부터 치열하게 고민한다. 다른 사람들이 편견을 갖지 않게, 학교에서 불리한 위치에 서 있지 않기를 바라며. 게다가 요즘은 교육 시기가 빨라지고, 선행학습을 많이 하므로 학교 교육 과정에 맞춰 공부해도 뒤처지는 것처럼 느껴질 때가 있다. 아이의 자신감이 떨어지지 않을지 걱정되고 자존감 하락으로 이어질까 겁이 난다. 이 때문에 어쩔 수 없이 치열한 교육 레이스에 발을 들여놓는 부모들도 많을 것이다. 돈과 육아가 떼려야 뗄 수 없는 관계가 된 데에는 이런 영향이 크다. 아이 한 명당 들어가는 교육비가 늘어날수록 아이를 여럿 낳는 데 고민은 더 커진다. 살림이 넉넉하지 않았지만 딸 셋을 낳은 우리 부모님은 교육비에 대한 고민이 없으셨을까.

교육 경쟁이 더 심해지면서 사교육을 시작하는 시기도 빨라졌고, 사교육을 받는 아이들도 훨씬 많아졌다. 초중고생의 평균 사교육비, 아이들이 성인이 될 때까지 필요한 평균 양육비 등 뉴스나 통계에서 발표하는 평균값의 수치는 때로는 좌절감을 느끼게 한다. 평균적으로 사교육비를 이만큼이나 쓴다고 하는데 우리 집 형편에 그 정도를 해줄 수는 없으니 속상하고 미안해하는 부모도 많다. 나 역시 미안해하지 않으려고 하지만 혹여 아이가 공부 때문에 나중에 힘들어하지 않을지 걱정도 된다. 지금의 교육 시스템에서 공부를 못해도 자존감을 지키는 것이 가능할까. 비교와 경쟁에서 열등감을 느낀다면 나는 무엇을 해줄 수 있을까. 아이를 키우며 늘 따라다니는 고민이자 숙제이다.

그래서 학원은 보내지 않지만, 학교 공부는 잘 따라갈 수 있게 집에서 학습을 도와주고 있다. 아이들과 공부 때문에 싸우고 싶지는 않은데 여느 집처럼 "언제 할 거야?" 닦달할 때도 있고, 모르는 걸 가르쳐주다 서로 마음 상하기도 한다. 왜 공부해야 하는지 깨닫는 일은 어른에게도 어려운 문제이고, 공부의 재미를 느끼는 것도 절대 쉽지 않다. 그럼에도 배움 자체는 꼭 필요하고 중요한 일이라고 가르쳐주려고 한다. 적당히 스트레스를 받고 어려움을 느끼는 것도 필요하다고 생각하기에 끙끙대며 공부하는 모습을 가만히 지켜본다. 같이 신나게 뛰어놀고 운동하는 동안 웃고 땀 흘리다 보면 또 마음을 회복하는 아이들이다.

이렇게 사교육에 대한 소신을 다잡아도 고학년이 되니 학교 상담 시간에 조금 긴장이 된다. 저학년에 비해 학습에 관한 이야기를 많이 듣기 때문이다. 학원에 다니며 많은 학습량을 소화하는 아이들 사이에서 아이가 불안해할 때가 있다는 얘기를 듣고 온 날, 여러 생각이 들었다. 교육이란 무엇인가, 본질적인 질문에서부터 '아이가 즐겁게 학교만 다녀도 좋다'라는 바람이 몇 학년까지 이뤄질 수 있을지까지.

시대가 많이 달라졌다고 하지만 여전히 공부 능력으로 아이들을 판단하는 건 잘 변하지 않는다. '입시제도가 문제야, 입시제도가 없어지든지 대학 서열화가 조정이 되든지 해야 해' 하고 분노한 적도 많다. 하지만 입시제도가 크게 바뀔 가능성은 아득히 적다.

공부를 못해서 이번 생은 망했다고 실패자라고 생각하지 않도록, 우리 집에서만이라도 그 판단은 틀린 것이라고 알려주는 방법밖에 없다. 평생 공부해야 하는 시대에서 배움이라는 것에 질리지 않고, 긍정적으로 바라볼 수 있게 요리조리 궁리한다. 아이가 관심 있어 하는 분야가 있으면 도서관에서 관련된 책을 함께 찾고, 아이가 탐구할 수 있는 시간을 확보하려 애쓴다. 아이들이 학교에 즐겁게 다니는 것만으로도 감사해하고, 나도 늘 공부하는 사람이 되는 것. 이렇게 내가 할 수 있는 일에 집중하다 보면, 교육 격차를 의연하게 바라보며 불안감에서 조금 벗어날 수 있으려나.

여유로운 시간,
사랑에 빠질 기회

요즘 초등학생에게서 제일 부족한 게 뭘까 생각해 보면 '시간'인 것 같다. 어른보다 더 바쁘다는 게 괜한 얘기가 아니다. 현재 초등학생 5학년, 3학년인 아이들은 합기도와 수영을 다니고 있는데 매일 한 가지씩 하다 보니 은근히 시간이 빠듯하다. 학교 마치면 2시에서 3시 정도 되고 집에 와서 간식 먹고 좀 쉬다가 운동 다녀오면 5시 정도. 집에서나 밖에서 좀 놀다가 숙제하고 저녁 먹으면 어느새 잘 시간.

"엄마, 시간이 너무 빨리 가요!" 아이들의 아우성이 충분히 이해된다.

그 와중에도 두 아이는 틈틈이 좋아하는 놀이를 잊지 않는다. 첫째는 재활용품 모아두는 곳을 늘 유심히 살피는데 박스와 풀을 가지고 사슴벌레 놀이터와 관리실을 만들기도 한다. 또 빈 깡통에 구멍을 뚫고 빨대를 끼워 고무줄 화살을 쏘기도 한다. 둘째는 친구들과 밖에서 뛰어놀거나 집에서는 혼자 이런저런 역할놀이를 한다. 때로는 기발함에 웃음이 날 때도 있다.

대부분의 아이들이 아주 어릴 때는 시간 부자이다. 그래서인지 그맘때 주변 아이들을 보면 공룡, 해양생물, 자동차, 공주, 동물 등 관심을 두고 파고드는 전문 분야가 하나씩은 있다. 아이마다 관심을 두는 게 다르다는 사실이 신기하기도 하고 공룡 이름이나 자동차 이름을 달달 외우는 아이들을 보면 입이 떡 벌어진다. 대단하다 너희들, 아줌마는 절대 못 하겠는데.

첫째는 어릴 때부터 곤충을 아주 좋아했다. 네 살 때쯤엔 집 앞 공원에 나가 개미가 줄지어 가는 걸 보는 게 큰 즐거움이었다. 매일 보는 개미인데도 아이 눈에는 뭐가 그렇게 신기한지. 어린 아이들에게 주어지는 시간이 무척 많으니, 어딘가에 푹 빠지기도 쉽다. 종일 공룡 책을 보기도 하고 밖에 나가서 곤충이나 자동차를 한참 구경하기도 하고. 관심을 오롯이 한 곳에만 집중할 수 있으니 말이다.

그런데 학교에 들어간 뒤 학원도 몇 개씩 다니고, 해야 하는 것들이 많아지면서 온전히 무언가에 집중할 시간이 줄어든다. 여유도 사라지고 멍 때릴 시간도, 몰입하는 시간도 확 줄어든다. 공부가 아닌 것에 관심을 두는 시간, 요새 아이들에게는 참 귀하다.

첫째는 학교 입학 후에도 방과 후 수업을 제외하고 자유로웠으니 남는 것이 시간이었다. 어찌 보면 다른 아이들에 비해 학습은 부족했을지도 모른다. '지금 아니면 또 언제 이렇게 놀까' 싶어 학교 가서 잘 배우고 복습하면 되겠지 생각했다. 초등학생 고학년이 되면 학원 갈 시간도 빠듯하니 예체능은 일찍부터 배워두는 것이 좋다고 하지만 아이들이 흥미를 보이지 않아 시키지 않았다. 가끔 아이 친구 중에 피아노를 일찍부터 배워서 꽤 잘 치거나, 미술 학원을 다니며 차곡차곡 결과물을 쌓은 것을 보면 대단하고 부러울 때도 있다. 못 해준 것들에 대한 아쉬움은 늘 안고 살아갈 수밖에 없나 보다.

대신 빡빡하게 짜인 일정이 아닌 충분한 시간을 아이들에게 주었다. 집에 와서 뒹굴뒹굴하다가, 놀이터에서 친구들과 놀다가, 자기가 좋아하는 것들을 찾아서 했다. 어떤 날은 동네 친구랑 둘이 파리지옥 식물에 줄 벌레를 잡는다고 한 시간 내내 아파트 화단 근처를 배회하기도 했다. 봉지가 필요하다고 해서 가방에 있던 검정 봉지를 줬더니 오히려 바람에 날아가는 봉지를 쫓아다니며 둘이 한바탕 난리가 났다. 봉지 하나에도 한참 신나게 노는 모습이 참 예뻤다.

또 어느 날은 갑자기 색종이와 돋보기를 들고 길 바닥에 엎드려 종이 태우기에 집중하기도 했다. 집에서 낙하산을 만들거나 실험 책을 보고 이것저것 따라 하기도 했다. 오늘도 싱크대 옆에 아이가 만든 필터가 놓여 있었다. 피클이 담겨 있던 일회용 용기와 페트병을 잘라 작은 자갈을 넣고 물을 깨끗하게 걸러주는 용도로 만든 것이다. 아이에게 넉넉한 시간이 주어진 덕분이었을까, 무언가에 푹 빠지는 즐거움이 일상에 스며든 것 같다.

2학년 때는 고래와 상어에 푹 빠져 관련된 책만 보고 고래, 상어를 매일 몇 마리씩 그렸다. 한때는 거북선에 꽂혀서 이순신 장군과 거북선, 무기 관련된 책을 찾아보며 거북선과 사랑에 빠졌다. 집 곳곳에는 거북선 그림이 가득했다. 가끔은 마술에 꽂혀 마술을 보여준다고 나리였고, 착시 현상에 관심이 생겨 착시 현상 그림을 온종일 그릴 때도 있었다. 얼마 전에는 다시 실험에 빠져 동전에 물방울이 몇 번이나 채워지는지 직접 해보기도 하고, 뜨거운 물과 차가운 물을 약병에 각각 넣어 합치고는 "엄마!! 봐

봐요! 안 섞여요!" 호들갑을 떨기도 했다. 곤충에 관한 관심이 불타올랐을 때에는 사슴벌레 사전을 만들고, 한동안 사슴벌레를 종류별로 그렸다. 요즘은 비행기에 푹 빠져 박스로 비행기와 공항을 만들어 놀이를 즐긴다.

아이는 넉넉한 시간 덕분에 그림과 곤충, 각종 실험, 그리고 다양한 것에 관심을 둘 수 있었다. 이런 과정을 꾸준히 겪다 보면 자기가 무엇을 좋아하는지, 잘하는지 스스로 찾을 가능성도 커진다.

요즘 부모들에게 요구되는 역할 중 하나가 아이의 재능을 일찍 발견해서 키워주는 것이란다. "아이들이 무엇에 관심이 있는지, 어떤 재능이 있는지 찾고 싶은데 어려워요." 말하기도 한다. 아이가 어릴 때 다양한 것들을 접할 기회를 주고, 아이가 관심 두는 것이 무엇인지 세심하게 관찰하는 것은 중요하다. 하지만 아이는 그냥 재미있어서 하는 것인데 그 재능을 키워주겠다고 원치 않는 교육을 받도록 하는 건 주의해야 한다. 나아가 아이의 성공을 위해서라면, 나중에 후회하지 않으려면 부모가 매니저이자 코치 역할을 모질게 할 필요도 있다는 말에는 반감이 생긴다.

시간과 여유가 주어져야만 무언가와 사랑에 빠질 확률

이 더 높아지니, 재능 발견은 그때 따라오지 않을까. 이것 저것 배우고 학원 가느라 바빠진 아이의 재능은 찾기 쉽지 않으리라. 아이가 좋아하는 것을 찾는 데 시간이 걸릴 수도 있고 또 어느 날 부모도 몰랐던 재능과 호기심을 아이가 갑자기 드러낼지도 모른다. 그러니 아이에게는 자유로운 빈틈이 필요하다.

다양한 경험을 해야 아이가 좋아하는 것도 찾을 수 있고 재능도 일찍 발견할 수 있다는 이야기를 많이 한다. 그래서 많은 사람들이 운동 학원에 보내보기도 하고 악기도 이것저것 시켜본다. 요즘에는 과학관, 박물관, 미술관 해설 프로그램, 숲놀이, 천문대 수업 등 체험학습 프로그램도 종류가 얼마나 많은지. 이제 아이들의 경험조차도 비용을 들여서 하는 것이 많아지는 것 같다. 교육뿐 아니라 기회도 양극화되고 있는 것일까. 짧은 시간 많은 것을 경험하고 습득하다 보니 아이들의 경험 밀도는 갈수록 높아진다. 경험에서조차 쉬는 시간이 없다. 이러다가 웬만한 것에는 흥미조차 갖지 않을지도 모른다는 걱정이 든다.

이렇게 아이들이 관심 있어 하고 좀 더 잘하는 것을 빨리 찾아주려는 노력에도 아이들의 무기력증은 심각해지고 있단다. 자기가 무엇을 좋아하는지, 무엇을 하고 싶어

하는지 모르는 아이들이 여전히 많다는 거다. 하고 싶은 것이 없는 상태, 생기 잃은 모습. 왠지 아이들과는 어울리지 않지만, 학교와 학원을 오가며 틈이 없는 일정을 소화하는 아이들 일상을 들여다보면 충분히 이해되기도 한다. 공부 말고도 아이들이 즐겁게 자발적으로 할 수 있는 게 꼭 필요한 것이다. 물론 이것도 여유 시간이 없다면 쉽지 않다.

일상에서 재미와 의미가 있는 무언가를 발견하는 능력은 귀하다. 재능이 있든 없든, 아이가 즐겁게, 재미있게 하는 무언가가 있다면 참 기쁘겠다. 아이의 재능을 발견하는 것도 중요하지만 아이가 좋아하는 것에 몰입하는 시간도 중요하다. 그리고 아이가 좋아하는 한 가능성은 언제나 열려 있다고 믿는다.

알면 사랑하게 된다는 말처럼, 아이들이 어딘가에 관심을 가지고 알아갈 시간이 있어야 사랑에 빠질 수 있다. 그런 과정에서 자신이 무엇을 좋아하고 잘하는지 찾고, 삶의 즐거움도 알게 될 것이다.

'사교육 없이'
뒤에 오는 말

아이가 초등학교에 들어간 뒤 학원을 다니지 않는다면 어떤 일과를 보내게 될까. 친구들과는 어떻게 시간을 만들어 놀 수 있을지 궁금해서 인터넷에서 찾아본 적이 있다. '사교육 없이'라는 검색어에 뒤따라온 내용을 살펴보니 아이가 좋은 대학에 간 성공담이나 집에서 아이 성적을 관리하는 비결이 많았다. '서울대 가는 수학 공부법' '엄마표 아빠표 교육' '세 아이를 영재로 키운 자녀 교육법'과 같은. 사교육 없이도 아이 교육을 잘하고 싶은 욕구를 반영한 결과일 것이다. 또 내 원칙대로 했더니 이렇게 아이들을 잘 키워냈다고 인정받고 싶은 마음도 담겨 있는 것 같다.

처음에는 솔직히 나도 교육에 대한 소신을 결과로 증명하고 싶은 마음이 컸다. "학습지 안 시키고 학원 안 보내도 아이는 이만큼 할 수 있어요." 하고. 그렇게 안 시켜서 어떡하냐고 걱정하는 사람들에게 언젠가는 내 방법도 맞는다는 걸 증명해 보여야지, 괜한 승부욕에 불타올랐다. 주도적으로 잘하는 아이, 즐겁게 하면서도 공부 잘하는 아이, 이렇게 결과로 증명해야 내가 선택한 교육 방법이 맞다고 인정받을 거라 생각했다.

그런데 아이를 잘 키운다는 것이 성적과 같은 결과로 증명할 수 있는 간단한 문제일까 하는 의문이 생겼다. 어느 카페에서 아이가 공부를 이만큼 잘 해내고 있다는 글에 달린 댓글 "아이를 참 훌륭하게 키우셨네요. 부럽습니다."를 보며 훌륭하게 키우는 것이 과연 무엇일까를 한참 생각했다.

아이의 선택이자 그들이 걸어온 길인데 그걸 순전히 '부모 덕분 또는 부모 탓'이라고 할 수 있을까. 물론 옆에서 도움을 주고 지지하는 역할은 할 수 있겠지만 아이는 어른들의 뜻대로만 만들어지는 존재가 아니다. 결국은 아이가 주체적으로 선택하고 길을 찾아가는 삶이어야 한다.

결과로써 내 교육 방법을 증명하려는 것 자체가 욕심이고 모순이라는 걸 깨달았다. '아이와 부모의 건강한 관계를 위해, 각자가 바라는 삶을 위해 사교육을 신중하게 한다'라는 내 교육 소신과도 맞지 않는 것이다. 누군가에게 보여주고 증명하기 위한 삶이 아니라, 아이도 나도 충만함을 느끼는 그 자체가 중요하다는 걸 깨달았다. 물론 그렇게 생각하는 것이 쉽지는 않다. 인정 욕구는 비교하거나 주변의 시선을 의식하는 문화가 단단한 곳일수록 강하게 작용한다. 하지만 누군가에게 보여주고 증명하려는 삶은 자꾸만 무엇이 중요한지를 헷갈리게 만든다. 자녀 교육에서도 마찬가지다. 결과로 보여줘야지 생각할수록 아이도 부모도 조급해지고 방향을 잃는다. 마음속으로 되뇌었다. 누군가에게 보여주고 증명하기 위한 삶이 아니라, 아이도 나도 충만함을 느끼는 삶 자체가 중요하다고.

사교육 없이 아이 교육을 시도했던 이야기들, 성공담 중에 도움되는 부분도 있을 것이다. 좀 더 나은 환경을 만들기 위해 노력하거나 내 아이에게도 적용해 볼 수 있는 방법도 있다. 하지만 '사교육 없이'라는 말 뒤에 꼭 대단한 성공담이 따라와야 하는 법은 없다. 이것은 선택의 문제이고 그 선택이 어떤 장점을 가져올지를 바라보는 게 훨씬 나와 아이를 위해 이롭다.

예전에 놀이터에서 아이들 노는 걸 지켜보며 둘째의 친구 어머니와 이런저런 대화를 나눈 적이 있다. 아파트 바로 앞에 있는 피아노 학원에 아파트 아이들이 많이 다니더라는 이야기가 멀리서 들려 주제는 피아노를 배우는 것으로 흘러갔다.

"저는 1학년 때부터 6학년 때까지 꼬박 피아노를 배웠는데… 지금 생각하면 그 시간이 좀 아까운 것 같아요."

피아노 학원에 다녀본 적이 없던 나는 오히려 그 말이 부러웠다.

"그래도 가끔 피아노 치고 싶을 때나 어디에 피아노가 있으면 연주할 수 있어서 좋을 것 같던데요."

"친정에 피아노가 있어도 가끔 놀러 가면 아이나 피아노 치면서 놀지 저는 거의 안 치게 되더라고요."

"아 그렇구나…."

"악보를 보고 연주하기까지 엄청 힘들었던 기억도 나고 그때는 피아노 학원을 필수로 다녀야 하는 건 줄 알고 가긴 했는데. 그 시간에 차라리 다른 걸 했으면 어땠을까 싶기도 해요."

예전에 친구 중 한 명이 자기는 악기 하나를 배워놓길 참 잘했다는 말을 한 적이 있다. 어른이 돼서 배웠으면 속도도 더 더디었을 것 같다고. 또 한동안 안 쳐도 다시 조금만 배우면 감이 오니까 괜찮은 취미를 갖게 되어 참 좋다는 이야기였다. 똑같이 배우더라도 나중에 돌아보면 이렇게 다르게 해석되고 기억된다.

학창 시절에 제일 많이 후회하는 일이 무엇인지, 혹은 지금 그 시절의 아이들에게 해주고 싶은 말은 무엇이냐는 질문에 어떤 사람은 이렇게 대답한다.

"부모님, 선생님 말씀 안 듣고, 공부를 안 했던 게 많이 후회된다. 학생들아 공부 열심히 그리고 잘해라. 그래야 나중에 선택지가 훨씬 많아질 거야."

아마 이렇게 대답하는 사람도 있을 것이다.

"공부 말고 다른 걸 많이 해보고 경험해 볼 걸 후회가 된다. 학생들아, 공부가 인생의 전부는 절대로 아니야. 공부보다 중요한 게 많다는 걸 기억해."

이런 상반된 반응은 아이를 키운 부모들도 마찬가지이다.

"어릴 때 아이를 마음껏 놀도록 한 것이 후회된다. 다른 사람들 충고를 듣고 일찍부터 학원도 보내고, 공부 습관을 잡아줄 걸 그랬다. 둘째라도 빡빡하게 시키고 있다."라고 말하는 사람들도 많다. 사실 이런 글을 볼 때면 나의 미래 모습일까 하며 걱정도 되고 안타깝다. 한편으로는 "교육을 많이 시킨다는 유치원에 일부러 보냈는데 아이가 영어에 거부감이 심해졌다. 공부하는 것 자체를 너무 싫어해서 후회된다. 남들처럼 시키려고 했던 게 욕심 같다."라는 이야기를 들은 적도 있다. 이럴 땐 참 혼란스럽다.

무엇이든 선택은 어렵고 나중에 어떤 식으로든 후회와 아쉬움은 남는다. 얻는 게 있으면 잃는 것이 있고, 잃는 것이 있어도 얻는 게 있음을 살면서 자주 느낀다. 나 역시 아이가 공부 때문에 어려워하는 상황이 온다면 여러 가지 생각이 들 것이다. 미술 학원 다녀서 그림 잘 그리는 아이들을 보거나 성적이 좋아 부모와 아이가 동시에 칭찬받는 상황에서 부러움과 후회가 뒤섞일지 모른다. 하지만 어떻게 하든 후회는 남는다면, 내 선택을 믿고 그 선택이 가져오는 장점을 바라보는 게 내가 할 수 있는 일이다.

아이들 학습에 신경을 많이 쓰고, 최선을 다하는 부모들 역시 고민의 내용은 다르겠지만 안도와 불안 사이를 몇 번이고 오갈 것이다. 아이들이 학교 들어간 뒤에도 육아는 스트레스로 다가올 수 있지만 아이와 함께하는 시간이 불안하고 힘들지 않았으면 좋겠다. 어떤 선택을 하든 내가 하는 선택이 아이에게 어떤 장점을 가져다주는지에 초점을 맞추다 보면 압박감에서 조금은 비껴갈 수 있지 않을까.

어쩌면 우리는 나중에 아이에게 공부를 안 시켜서 혹은 아이에게 공부를 너무 시켜서 후회하는 것보다 아이와 함께하는 시간을 행복하게, 즐겁게 누리지 못해서 가장 후회하게 될지 모른다.

일반적인 성공의 틀에서
벗어난다면

　70세 넘은 부모님은 몇 년 전부터 전국 곳곳 유명한 길을 도보 여행하고 계신다. "이제 엄마 아빠도 나이를 생각해서 무리하지 마세요." 하는 딸들의 걱정에도 꿋꿋하게 여행을 이어 나가고 있다. 지리산 종주와 백두대간 종주, 제주 올레길 완주, 해파랑길까지 몇 년에 걸쳐 완주하신 부모님을 보면 대단하다는 생각이 든다. 걷기 여행에 한창이었을 때는 명절에 부모님을 뵙지 못할 때도 있었다. 먼 길 내려가는 김에 뵙고 오면 좋을 텐데 싶어 조금은 서운하다가도, 자식들 신경 쓰지 않고 두 분의 인생을 사는 모습이 참 멋져 보였다.

　정년이 되어 퇴직한 아버지는 지금도 아파트 환경 미화 일을 하시고, 어머니도 비슷한 시기에 일을 시작해 두 분 다 10년째 출근하고 있다. 평일에 일하시느라 힘들 텐데 주말이나 휴가 때 시간을 내서 걷기 여행을 하시는 게 대단하다. 그냥 걷기 여행도 아니고 배낭에 텐트와 버너, 코펠 등을 챙겨 다니니 걱정이 될 때도 있다. 나이를 생각하시라고, 추운데 텐트에서 자다가 감기라도 걸리면 어쩌나 해도 "엄마 나이가 어때서, 앞으로 몇 년은 괜찮다." 하시니 말릴 도리가 없다. 그냥 숙소에서 주무시면 되지 않느냐 해도 걷기 여행에서 숙소 찾고 식당 찾고 하다 보면 시간도 들고, 돈도 많이 드는 데다 이런 것도 재미라고 웃으며 말씀하신다.

친정집에 가면 아이들과 함께하느라 정신없는데 어느 날, 두 분의 여행 이야기를 제대로 듣게 되었다. 바다 근처에 텐트를 쳤다가 파도 소리가 너무 시끄러워 결국 다시 철수했다는 이야기며, 밤에 너무 추워서 다시 배낭에 짐을 넣고 두 분이 밤새 걸으셨다는 이야기를 시간 가는 줄도 모르고 들었다. 두 분이 칠순이었던 해에는 2박 3일 지리산을 다녀오시고 천왕봉을 또 오르셨다고 하니 존경스럽다.

할머니는 살아 계실 때 아버지가 혼자 한글을 떼고 학교 들어가기 전에 천자문과 사자소학을 뗐을 정도로 참 영특했다고 말씀하시곤 했다. 하지만 아버지 어릴 때 집

안 형편이 좋지 않았고, 6남매의 장남이었기에 공부를 제대로 하지 못하고 일찍부터 일을 하셔야 했단다. 어머니는 가끔 아버지가 제대로 공부했으면 뭐라도 됐을 것이고, 큰일을 해도 했을 거라는 말씀을 종종 하신다. 지금도 아버지의 정치, 경제 이야기를 듣다 보면 가끔은 강의를 듣는 기분일 만큼 아시는 게 많구나 하는 생각도 든다(어머니는 사위 앉혀놓고 또 강의한다며 뭐라 하시기도 하지만).

오랫동안 아버지가 이런저런 일을 하시느라 고생하시는 모습을 보면서 가끔 그런 생각을 했다. 경제적인 뒷받침이 되어서 제대로 공부할 수 있는 여건이었다면 어땠을까. 사람들이 흔히 말하는 좋은 대학교를 나오고, 아버지의 능력을 마음껏 펼쳤다면. 부와 명예를 얻는 성공적인 삶을 살았다면 어땠을까 하고. 지금의 부모님 세대는 우리보다 훨씬 더 넉넉하지 못해서 지원을 받지 못하는 경우가 많았겠지만 그래도 어릴 때부터 공부에 재능이 있었던 아버지는 본인이 살아온 삶에 대해 원망이나 아쉬움이 많지 않을까 하는 생각도 들었다.

그런데 요즘 아버지를 보면 누구보다 자신이 원하는 삶을 살고 계신 게 아닌가 싶다. 여행하는 중에 생긴 경험담을 말씀하실 때나, 완전히 일을 그만두시면 큰 차를 사서 차에서 숙박하며 걷기 여행을 할 계획이라고 말씀하시는 아버지 표정은 참 행복해 보인다.

아버지의 지난 세월에는 학벌, 대기업, 안정적인 직장 대신 이런저런 일을 하며 고생하고 아끼고 또 아낀 시간이 있었다. 교육 수준이 낮은 사람이나 노동자에 대한 대우가 더 열악했을 그때, 아버지가 겪었을 힘든 시간을 다 이해하지는 못한다. 책으로 배우는 것 대신 몸으로 배우는 것이 더 많았을 아버지에게 많은 경험이 자산이 되었으리라.

첫째가 네 살 때 친정집 변기에 장난감을 넣어서 무슨 방법을 써도 계속 막혀 난감했던 적이 있다. 결국 아버지가 철물점에서 시멘트 가루와 석고를 사 오셔서 변기를 뜯고 장난감을 꺼내 고친 모습은 잊히지 않는다. 혼자서 방충망을 바꾸기도 하시고, 집에 가스레인지 후드 등 소소한 것은 직접 고치며 텃밭을 잘 가꾸시는 아버지를 보며 배움은 공부로시민 얻는 게 아님을 깨닫는다. 여전히 학벌을 중요하게 생각하는 시대이지만, 손주들에게 "좋은 대학교 나오는 것보다 마음이 건강한 게 제일 중요하지." 하는 아버지의 말씀이 참 든든하다. 20년도 넘게 탄 오래된 아버지의 승용차가 고급 승용차 못지않게 멋져 보인다.

어머니도 마찬가지이다. 언젠가 어릴 적 꿈이 뭐였냐고 물어본 적이 있다. "아이고~ 꿈이 어디 있나. 쌀밥 실컷 먹는 게 꿈이었지. 보리밥을 하도 먹어서."라고 말하셨는데 집안 형편이 어렵고 삼촌들 뒷바라지하시느라 꿈을 생각할 여유도 없었으리라.

어머니는 많이 배우지 못한 아쉬움이 크셨을 텐데 그럼에도 딸 세 명에게 "공부해라."는 말은 많이 하지 않으셨다. 공부하라는 말보다 "즐겁게 살아라. 하고 싶은 거 하면서." 이 말씀이 늘 먼저였고 덕분에 우리는 공부에 대한 스트레스, 성적에 대한 스트레스를 많이 받지 않고 컸다. 하지만 어머니는 나중에 이런 말씀을 하셨다. "너희들이 대학교 가서 공부 잘 마치는 게 그저 엄마 꿈이었지."라고. 그때 어느 한 명 학원 보낼 형편이 안 됐기 때문에 어머니는 걱정이 더 크셨단다. 그럼에도 우리들 셋이 대학교에 들어가 막내까지 졸업하는 순간, 큰 보람을 느끼셨다고 한다.

세 딸이 대학을 졸업하고 취직한 뒤 어머니의 꿈은 '그동안 못 해봤던 것 하면서 엄마 인생을 사는 것'이 되었다. 내가 서울에 올라오고, 2년 뒤 동생이 올라와 같이 사는 동안 서울에 올라오신 건 손에 꼽을 정도였다. 하숙집에 살다가 원룸을 구해 이사하는 그날, 처음 아버지와 서울에 오셨다. 심지어 이사 다음 날에는 온 김에 북한산을 가 보시겠다며 아침 일찍 두 분이 길을 나섰더랬다. 그러고는 결혼할 때까지도 거의 오지 않으셨는데 이상하게 전혀 서운하지 않았다. 20년 가까이 하던 가게 일을 그만두시고 한창 어머니가 하고 싶은 일에 몰두하던 시절이었다.

어느 날은 동네 영어교실에 등록했다고 하시고, 또 어느 날은 기타 학원에 등록하셨다며 손주들 크면 기타 연주해 주고 싶다고 말씀하셨다. 주말이면 등산과 도보 여행으로 바쁘셨고, 수영 등록, 컴퓨터 학원 등록, 헬스장 등록까지. 어머니가 하고 싶던 일을 즐겁게 하시는 그 모습이 좋았다. 여섯 번째 손주였던 둘째가 태어나고 친정에서 산후조리를 끝내고 올라갔을 때 어머니는 기다렸다는 듯 일을 구하셨다. 지금도 "일도 재미있고 돈 버는 것도 재미있고 다 재미있네."리고 늘 말씀하신다.

두 분은 앞으로 조금만 더 일하고 노후에는 시골에서 농막을 짓고 살며 전국을 돌아다니는 꿈을 꾸신다. 부모님의 모습을 통해 일반적으로 생각하는 성공의 기준에서 벗어난다면 얼마든지 내가 주인으로서 만족하는 삶을 살 수 있다는 가능성을 본다. 어떻게 사느냐 하는 것은 몇 가지 기준으로 판단할 수 없다.

수많은 경험과 과정을 통해 중요하게 여기는 가치를 발견할 수 있도록, 아이들 옆에서 도와줄 수 있다면 좋겠다. 아이들이 책상에 앉아서만 하는 공부, 책을 통해 얻는 지식 말고도 다양한 배움의 기회를 가질 수 있게 응원할 것이다. 그게 더 고생스럽고 불안정할 때도 있겠지만, 네가 지나온 시간 중에서 어느 하나 쓸모없는 시간은 없었다고 늘 격려해 주는 부모가 되고 싶다.

금수저 말고
무얼 줄 수 있을까

우리 아이도
유학 다녀왔어요

집에서 차로 약 300km를 달려 오래간만에 구례를 다녀온 날. 몸은 고단했지만, 마음은 따뜻하고 뿌듯했다. 농촌 유학이 끝나고도 아이들과 몇 번이나 구례를 찾았다. 도시로 복귀한 다음 해에도 벚꽃 핀 봄에 농촌을 찾았고, 농촌학교에서 모교 방문의 날을 열어주었다. 덕분에 도시에 복귀한 가정과 유학 중인 가정, 현지 농촌 가정이 한자리에 모이는 자리를 두 번이나 다녀왔다. 한 번은 글램핑장에서, 또 한 번은 학교 강당에 텐트 치고 캠핑을 했다. 1박 2일 동안 아이들은 에진 친구들괴 만나 신나게 놀았고, 나도 농촌 유학 이야기를 나누며 알찬 시간을 보냈다. 돌아오는 길은 늘 충만함과 아쉬움이 뒤섞인다. 그러고는 돌아와 노트북을 켠다. 우리 가족이 누렸던 농촌 유학의 혜택을 더 많은 사람들에게 알릴 수 있기를 바라며 농촌 유학의 한 페이지를 기록한다.

유학이라고 꼭 해외 유학만 있는 건 아니다(물론 해외에 나가서 다른 문화권 사람들, 낯선 세상을 만나는 것도 의미 있지만 비용 부담이 크다). 첫째가 초등학교 1학년 때 우연히 알게 된 농촌 유학은 아이들이 새롭고 다양한 경험을 할 수 있는 좋은 기회였다. 교육청과 지자체에서 제공하는 지원금으로 숙박이 해결되어 생활비 정도만 필요했다. 아이들이 자연에서 마음껏 뛰어놀길 바랐고, 이런 삶도 있고, 이렇게 살아가는 사람도 있다는 것을 보여주고 싶기도 했다. 무엇보다 나도 농촌에서 한 번쯤 살아보고 싶었기에 남편과 상의 끝에 농촌 유학을 신청하기로 결정했다.

하지만 막상 마음을 먹으니 고민이 한두 개가 아니었다. 주거할 집은 불편함을 감수해야 할 텐데 집 상태는 어떨지, 아이들이랑 잘 놀아주는 아빠, 육아하며 내 감정이 널뛸 때 균형을 잡아주는 남편의 부재는 괜찮을까. 4년째 같은 어린이집을 즐겁게 잘 다니고 있는 둘째가 낯선 곳에서 힘들어하지 않을지. 아이들에게 농촌에 가서 생활하는 것에 대해 다시 물어보았다. 첫째는 농사짓는 것도 보고 싶고, 곤충도 많아서 좋겠다며 신청해 보라고 했다. 둘째는 친구들이랑 헤어지기 싫다며 저녁을 먹다가 울음을 터뜨렸다. "거기 가서도 좋은 친구들 만날 수 있을 거야." 하는 말에도 눈물이 가득하다. 다행히 아이는 사전 답사하며 마음을 좀 열었고, 농촌 살이 이틀 만에 눈물 대신 활짝 웃는 얼굴을 보여주었다.

2022년 1학기에 시작된 전남 농촌 유학의 모집 학교는 마흔여 개였다(현재는 전북, 강원도, 제주도 등 곳곳으로 농촌 유학 프로그램이 확대되었다). 담양, 구례, 곡성, 장성, 해남, 완도 등 지역도 다양했다. 신청서를 쓰기 전날 밤, 밤새 학교를 살펴보고, 학교마다 제공되는 숙소를 찾아 장단점을 파악하고 실제 농촌 유학을 하는 학부모들의 글을 찾아서 하나하나 읽어보았다. 학교마다 희망 학년 및 희망 인원이 달라서 그것도 고려해야 했다. 주말마다 기차 타고 내려올 남편의 교통편도 중요했다. 아이들이 친구들을 워낙 좋아하다 보니 독립적으로 떨어져 있는 집보다는 유학 온 가구들이 모여 사는 환경이 좋을 것 같았다. 그렇게 세 군데 정도 학교를 골랐고 농촌 유학 신청 동기 등을 작성해 아이 편으로 학교에 보냈다. 그리고 희망했던 지역 방문과 학교 면접을 거쳐 첫째가 2학년, 둘째가 일곱 살일 때 1년 동안 농촌 살이를 했다.

아무것도 갖춰져 있지 않은 시골집이라 용달차를 불러

집에 있는 가구, 가전 제품 등을 옮기고 아이들 옷도 계절마다 남편이 택배로 보낼 수 있게 미리 정리해 두었다. 그렇게 분주하게 농촌 유학 준비가 끝났다. 시골 학교에서도 환영회를 마련해 축하해 주었고 일곱 가정과 펜션에서 공동체 생활을 시작했다.

아침에 통학 택시를 타러 아이들이 펜션 대문으로 뛰어가면 옆집, 아랫집, 윗집에서 형, 누나, 친구가 가방 메고 나오고 서로 반갑게 인사한다. 봄에는 들꽃을 보면서, 여름에는 신나게 집 뒷마당 수영장과 계곡에서 놀면서, 가을에는 집 앞 나무에서 대추와 감을 마음껏 따 먹으면서. 그렇게 자연 곁에서, 농촌의 흙냄새를 맡으며 1년이 금방 지나갔다. 거의 매주 기차를 타고 내려오는 아빠를 내복 차림으로 만나러 가는 길도, 반딧불이 찾아보겠다고 깜깜한 밤 친구들이랑 언덕에 올라갔던 시간도, 농촌 주변을 여행하던 것도 아이들에게는 특별한 경험이 되었을 것이다.

농촌 유학을 한다고 하니 하루는 양가 부모님이 구례까지 찾아오셨다. 아이들 학교에도 가보고, 사는 집도 둘러보시고는 아이들이 좋은 환경에서 신나게 뛰어놀아 좋겠다는 말씀을 하셨지만, 걱정하시는 마음도 느껴졌다.

"슈퍼마켓이 있는 줄 알고 여기 사람들 나눠 먹으라고 뭐 좀 살랬더니, 가게도 없네. 애들 먹고 싶은 것도 있을 건데 불편해서 어떻게 사니?"(제일 가까운 작은 슈퍼마켓은 2km 거리였다.)

"애들이 다 새카맣게 탔네. 맨날 노느라 좋긴 하겠는데 애들 공부는 괜찮으려나?"

농촌 학교에서도 똑같은 과정으로 수업한다. 도시에서 하던 것처럼 매일 조금씩 집에서 학습했다. 나는 불안하지 않았지만, 다시 올라가면 적응할 수 있을까 부모님은 걱정 되셨나 보다.

"집에 창문이 작은 거 하나밖에 없네. 습해서 지하실 냄새 같은 것도 나는데 환기 잘해야겠다. 현관에 방충망 달아서 문을 좀 열어놓고 불도 한 번씩 많이 떼어 주고."

어쩌면 두 집 살림이기도 한 농촌 유학은 어느 정도의 불편함을 감수하며 살아야 한다. 학교와 연계된 농가가 한정적이다 보니 집을 구하는 선택지는 적고, 집 크기나 살림살이는 도시에서 살던 곳과 비교하면 열악하다. 잠깐 여름방학 동안 집을 비운 사이 곰팡이로 고생하기도 했고, 공동체 생활이 쉽지 않을 때도 있었다. 공동 세탁기와 건조기를 사용하다 보니 당장 빨래를 하고 싶어도 못 하는 경우도 많았다. 윗집에 지네가 출몰했다는 소식에 깜짝 놀라거나 도시에서는 듣기 힘든 '뱀 조심' 경고를 자주 접하기도 했다. 시골집에서 겨울나기도 만만치 않았다.

거의 매주 기차를 타고 내려오는 남편은 가끔 피곤한 기색을 보이기도 했고, 평일에 매일 나 혼자 아이들을 돌보다 보니 몸이 고될 때도 있었다. 첫째는 반에서 유일한 남학생이라 소외감을 느끼지 않을까 걱정도 되었다. 또 학생 수가 적다 보니 우리 아이 행동이 유독 눈에 띄어 학기 초에는 선생님 걱정을 한 몸에 받기도 했다.

그럼에도 좋은 점이 더 많았다. 학생이 적은 교실에서 아이가 누린 부분도 많았을 것이다. 동생, 형, 누나, 언니. 나이 구분 없이 어울려 지내는 귀한 시간이 있었고 도시 학교보다 다양한 프로그램과 체험학습을 경험할 수 있었다. 아이는 승마를 비롯해 섬진강에서 래프팅, 지리산 자락에서 패러글라이딩도 하고 워터파크와 동물원 체험학습도 갔다. 마을공동체와 함께하는 공연과 만들기 시간 덕분에 일상이 풍성해졌다. 저녁에 학교 교실에서 학부모들이 함께하는 시간은 새로웠고 기억에 남았다. '학교'라는 공간이 더 따뜻하고 친근하게 다가왔다.

늘 마음속에만 품고 있던 농촌 생활을 1년 동안 누렸다.

매일 2층에서 바라보는 해 지는 풍경, 햇살 냄새를 품은 이불과 빨래, 텃밭에서 언제든 채소를 따다 먹을 수 있는 농촌의 일상은 소중했다.

첫째는 아침마다 선생님께서 찻잎을 우리고 차를 준비해 주시는 다도 시간을 가졌는데 무척 좋다고 했다. "엄마, 오늘은 봉황단총 밀란향 마셨어요." 신기한 차 이름을 알려주기도 하더니 농촌 유학을 다녀온 뒤에도 따뜻한 차 마시는 시간을 좋아한다. 가을날, 아이들과 아침 일찍 일어나 안개를 헤치고 올라가서 보았던 지리산 운해도 잊을 수 없다. 자연이 만든 아름다운 풍경, 구름바다를 보고 아이들도 얼마나 탄성을 지르던지. 맛있는 건 서로 나누어 먹기도 하면서 아이들은 이웃과 함께 나누는 정을 경험했다.

"이것 좀 맛보세요~."

옆집에서 가져다주신 접시에 또 먹을 걸 담아 갖다 주라는 심부름을 아이들은 좋아했는데 그 속에서 자연스럽게 '함께 어울려 사는 법'을 알아갔기를 바란다.

좁기도 하고 불편함도 감수해야 하는 집에서 살다 보니 아이들 적응력도 좋아진 것 같다. 여행할 때 머무는 어떤 공간이든 잘 수용하고 즐겁게 받아들이게 되었다. 농촌 유학이 끝나고 구례에 친구들 만나러 갈 때 민박집을 겨우 예약해서 갔는데, 시설이 그리 좋지 않았지만 아이들은 우와 하며 만족해했다. 아마 앞으로도 좀 불편하고 부족해 보이는 공간도 잘 받아들이지 않을까.

6학년 졸업식 날은 마흔 명 남짓한 전교생들의 축제였다. 졸업생 한 명 한 명을 소개하는 영상부터 후배들의 축하 영상을 지켜보았다. 웃음도 나고 눈물도 나고. 서로 다른 환경에서 자란 아이들이 만나 우여곡절을 겪기도 하고 이런저런 추억을 쌓았던 1년이 스쳐 지나갔다. 이제는 두 번째 고향 같은 구례에는 지금도 아이들 친구가 있고, 내려가면 따뜻하게 반겨주는 이웃들이 있다. 이만하면 비싼 해외 유학, 해외 살이 부럽지 않다.

농촌 유학 이후
아이들은 잘 적응했나요?

요즘 한창 우주와 별에 관심을 갖기 시작한 5학년 첫째가 어제 이런 말을 했다.

"엄마, 구례에서도 밤에 별이 진짜 많이 보였는데. 다음에 구례에 또 놀러 가면 좋겠어요."

얼마 전 아이와 캠핑 중에 스텔라리움 애플리케이션으로 밤하늘을 보고 있으니 농촌 유학할 때 밤에 불을 모두 끄고 2층 마당에 누워 있던 순간이 생각났다. 옆집, 아랫집, 윗집 이웃들과 돗자리에 누워 빛나는 별을 관찰했던 그 시간이 새삼 그리웠다.

농촌 유학 마지막 날, 곧 이곳을 떠나는 게 실감 나지 않아 아이들과 쉽게 잠들지 못했다. 누워서 이런저런 이야기를 하다가 눈에서 눈물이 또르르 흘렀다. 아이들에게 우는 모습을 보여주지 않으려 참고 있는데 옆에 있던 둘째가 울음을 터뜨렸다.

"여기 더 있고 싶어. 서울 가기 싫어. 친구들이 너무 보고 싶을 것 같아요."

"야! 서울 가도 친구 있어. 그리고 또 놀러 오면 돼!"라고 첫째는 씩씩한 척 이야기했지만, 목소리의 떨림과 울먹거림이 느껴졌다.

사실 처음 농촌 유학을 결정할 때 걱정한 것 중 하나는 아이들이 농촌 생활을 1년 하고 돌아가서 잘 적응할 수 있을까 하는 것이었다. 굳이 잘 다니고 있는 학교를 떠나 변화를 시도하는 게 무모한 것은 아닐까 여러 번 고민했다. 농촌 생활하며 노는 데에 익숙해진 아이들이 갔다 와서 공부에 소홀하면 어쩌나 걱정하는 분들도 많이 봤다. 아직 아이들이 초등학생 저학년, 유치원생이라 학습에 대한 부담은 크지 않았지만 계속되는 변화를 힘들어하는 건 아닌지. 기대와 설렘 속에서도 이런 걱정을 안고 "일단은 해보자!" 하는 마음으로 농촌 유학을 신청했다.

서울에서 학교에 다닐 때도 학원을 다니지 않고 집에서 조금씩 복습했기에 농촌에서도 비슷하게 하려고 했다. 수학과 영어만 집에서 조금씩 공부하는 것으로 학습을 보충했다. 농촌 학교는 학생 수가 적어서 대부분의 아이가 돌봄 교실을 이용했기 때문에 집에 오면 4시가 넘었다. 마당에서 놀고 하다 보면 금방 저녁 시간이 되니 가끔 시간이 부족하기도 했지만, 학습량은 줄여도 꾸준히 매일 지속하려고 노력했다. 그래야 도시 학교에 가서도 공부 습관을 유지하는 게 수월할 것 같아서다. 고학년이었다면 학습에 대한 걱정과 부담이 더 컸을 것 같다. 유학생 중에는 초등 고학년들도 많았는데 서울에서 하던 학습지를 이어서 계속하기도 했다. 도시 학교에 비해 체험학습이 많고 외부 활동을 하는 날이 많은 편이지만 그래도 학교 수업에 지장을 주는 정도는 아니었다. 조금씩 꾸준히 학교 공부를 복습해서 학습 공백이 생기지 않는 방향으로만 하더라도 잘하고 있는 거란 생각이 든다. 농촌 유학을 오기 전에 아이와 이 부분에 대해서 미리 상의하는 것도 도움이 될 것이다.

농촌 유학이 끝나고 돌아온 뒤 다음 학년에 첫째는 학교 진도를 잘 따라갔다. 보통 농촌 유학을 따라온 미취학 동생들은 학교 병설 유치원을 다니게 되는데 둘째는 미리 학교 다니는 언니 오빠들을 많이 봐서 그런지 1학년이 되어 첫 학교 생활에 잘 적응했다.

이렇게 학습적인 부분 외에도 아이가 도시 생활에 다시

잘 적응할까 하는 고민은 있었다. 그래서 농촌 유학을 더 연장할 것인가 결정하는 기간이 되면 아이들이 농촌에서 너무 잘 지내도 고민이다. 나 역시 만족감이 컸고 아이들도 농촌 생활을 무척 좋아했기에 1년을 더 있어 볼까 갈팡질팡했다. 하지만 남편과 떨어져 지내야 하는 게 마음에 걸렸다. 자주 내려오기는 했지만 체력적으로 힘들어하기도 했고, 아이들도 아빠와 같이 지냈으면 하는 바람을 자주 보였다.

"농촌도 좋고 도시도 좋다."고 했던 아이들은 서울에 올라갈 때 많이 아쉬워하긴 했지만 그래도 잘 받아들인 편이다. 덕분에 도시 학교 적응도 수월했다. 특히 반에서 동성 친구가 없었던 첫째는 3학년이 되어 친구와 함께하는 모둠 활동 등을 아주 좋아했고, 학교 다니는 것도 즐거워했다.

하지만 아이가 도시에 돌아가는 걸 너무 싫어한다면 도시 학교에서 다시 적응하는 데 좀 더 세심한 도움이 필요할 것이다. 특히 농촌 학교에서는 학생 수가 적어 교사와 친구들로부터 관심과 애정을 많이 받는 편인데 도시 학교에서는 그 부분이 많이 줄어든다. 아이가 잘 적응할 때까지 관심과 사랑으로 허전한 마음을 채워주는 게 중요할 것 같다.

농촌에서는 친구 집에 놀러 가서 모여 노는 것이 자연스럽고 잦은데, 이런 부분을 그리워할 수도 있다. 도시에서 새로 사귄 친구들이나 원래 친했던 친구들과 같이 어울려 놀 수 있는 기회를 만들어주는 노력도 필요하다. 농촌 유학이 끝난 뒤에도 계절에 한 번씩 내려가서 친구들도 만나고 다녔던 학교에 가서 놀기도 했다. 아이들에게는 갑자기 친구들과 헤어지는 허전함도 있을 테니 가끔 방문하며 그런 마음을 풀어주려 했다. 농촌학교를 직접 찾아가지 못하더라도 친구와 편지를 주고받거나 연락을 이어가는 것이 아이가 다시 적응하는 데 힘이 될 것이라 믿는다.

도시에서 누릴 수 있는 것들을 찾아 도시 생활의 즐거움을 하나하나 채워가는 것도 도움이 되었다. 농촌 유학하고 온 다음 해에 아시안게임이 열렸는데, 북적거리는 도심에서 아이들과 축구 중계를 보며 거리 응원을 했다. 아이들이 좋아하는 뮤지컬을 보러 다니기도 했고, 아이들 손을 잡고 학교에서 집까지 걸어가는 길에 도서관이나 시장에 들르는 것도 농촌에서는 하기 힘든 것들이었다.

농촌 유학을 결정하기 전에 적응이라는 문제에 대해 걱정부터 하지만, 아이들은 성장하며 어떤 변화든 마주하게 된다. 아이들에게 조금 힘든 시간이 되더라도 아이들 세계의 폭을 넓혀줄 기회라고 생각한다면 부담과 짐을 조금은 덜 수 있을 것이다. 아이들이 농촌에서든 도시에서든 그곳에서만 누릴 수 있는 것들을 잘 경험할 수 있게 도와주다 보면 아이들이 한 단계 성장하는 계기가 될지 모른다.

버스 타고, 지하철 타고
세상을 배우다

　남편이 처음으로 추석 KTX 승차권 예매에 성공했다. 명절 연휴에 운전해서 내려가면 보통 8시간 넘게 소요되니 매번 지쳤던 참이었다. 작년에는 겨우 기차 입석표를 구해 오고 갔는데 드디어 올해는 편안하게 좌석에 앉아 내려갈 수 있게 되었다.

　오전 11시 출발 기차. 집에서 광명역까지 차로 20분이면 가는 거리이지만 택시비도 만만치 않아 넉넉히 시간을 잡고, 버스를 갈아타며 가보기로 했다. 아침을 먹고 대충 치우고 생각난 김에 욕실도 청소하는데 시간이 금방이다. 아이들도 옷 입고 나갈 준비를 하고 나도 후다닥 준비하는데 갑자기 남편이 래시가드도 챙겨 가잔다. 첫째랑 친정 근처에 있는 스파랜드를 가겠다고. 결국 부랴부랴 물놀이 용품을 찾아 가방에 넣고 급하게 나오는데 버스를 타고 기차역에 가기에는 아슬아슬할 것 같은 시간이다.

"택시 불러서 저기 지하철역까지 가자. 거기에 광명역 가는 버스가 있으니까 그게 안전할 것 같아."

"아침에 준비하느라 바쁜데 미리 챙기던지. 꼭 출발하기 전에…."

남편에게 투덜투덜대니 남편도 기분이 좋아 보이지 않는다. 아이들도 분위기를 살피더니 평소보다 빠릿빠릿하게 움직였다. 택시를 타고 가서 버스를 갈아탔는데 택시비와 버스비를 계산해 보니 그냥 집에서 택시 타고 바로 기차역으로 가는 비용이랑 별 차이가 없었다.

남편도 비슷한 생각이었는지 "그냥 기차역까지 택시탈 걸 그랬네." 한다. '그러길래 아침에…' 하려다 참았다. 더 이야기해 봐야 서로 감정만 상하지.

버스를 탔는데 손님이 우리밖에 없다. 버스 앞쪽에 우리 가족 넷이서 한자리씩 앉고 30분 정도를 달렸다. 가끔 광명역까지 남편을 데리러 갈 때 순환도로로 달리던 느낌과는 또 다르다. 어느새 짜증이 났던 마음이 가라앉았다.

"이렇게 버스 타고 가니까 진짜 여행 가는 기분 난다. 새롭네."

금방 기분이 풀린 나는 창밖을 구경했다. 버스 안에 계속 흘러나오는 장범준의 노래. 젊은 기사님의 선곡도 딱 내 취향이다. 잠깐 신호대기를 하고 있을 때 기사님이 젤 앞자리에 앉아 있던 아이들에게 "먹을래?" 하시며 사탕을 주셨다. 아이들은 사탕을 신나게 입속에 넣고, 창밖을 구경했다.

"버스 타는 것도 괜찮은 것 같아. 좋은 기사님도 만나고, 사탕도 받고."

버스에 앉아 소곤소곤 이야기하는 나를 보며 남편이 웃었다.

"또 좋게 해석하기 모드 시작이네."

"아니, 좋게 해석이 아니라 사실이 그렇다고~."

아이를 낳고 키우면서 일어나는 일에 대해 좋은 쪽으로 해석하려 노력한다. 물론 잘 안될 때도 많지만. 내가 해줄 수 있는 것에 한계를 느낄 때마다 미안하거나 원망하는 마음을 갖고 싶지 않아서였다. 무슨 일이든 성장하고 살아가는 데 조금이라도 도움이 될 것이라는 믿음이 내 소신을 좀 더 단단하게 만들어 주었다.

택시를 타고 기차역까지 한 번에 갔다면 분명 편했을 것이다. 남편과 티격태격할 일도 없었을 것이고. 하지만 이렇게 불편함을 선택하다 보면 뜻하지 않는 일들을 마주하곤 한다. 그럴 때 나는 늘 이렇게 위안한다. '아이들에게 좋은 세상 경험이었을 거야' 하고.

기차를 타고 앉아 있는데 같은 칸에 탄 꼬마 아이가 큰 소리를 몇 번 냈다. 아직은 통제가 잘 안 되는 나이였다. 몇 번 그런 소리가 나니까 갑자기 첫째가 시끄럽다고 옆에서 투덜거렸다.

"너는 잘 모르지? 너도 저만할 때 기차 타거나 버스 타면 엄청나게 큰 소리 내고 그랬다? 세 살이었나, 할머니집 갈 때 비행기 타면서는 얼마나 울었게."

"아 그래요?" 아이는 머쓱해하며 그 소리에 조금 덜 예민하게 반응했다. 놀이터에서 놀다 보면 동네 아이들이 마음대로 하려고 하거나 크게 소리 지를 때가 있다. 첫째가 자기 어릴 때 생각 못 하고 동생들한테 화를 낼 때도 그런 말을 해주곤 한다.

"너는 더했거든?"

물론 아이가 완전히 이해하고 받아들이진 못할 것이다. 그래도 이런 경험들이 차곡차곡 쌓이다 보면, 사람들과 부대낌 속에서 조금씩 배우지 않을까. '나도 저럴 때가 있었지' 하고.

아이들이 어릴 때는 어디 멀리 가지 않더라도 대중교통

으로 왔다 갔다 하는 것 자체가 훌륭한 여행이자 세상을 배우는 시간이다. 차로 가면 더 빠르고 편한 길도 아이들이 버스, 지하철 타는 것을 좋아해서 일부러 여러 가지 대중교통으로 목적지에 가곤 했다. 버스나 지하철에서 사람들과 부대끼는 시간이 세상 공부가 된다. 여행이 별건가. 집 밖으로 나서는 순간, 세상을 만나는 것 자체가 여행이고 배움인데. 그래서 가끔 누군가 아이들 데리고 어디 좋은 데도 못 데려가 준다며 미안해하면 대중교통 여행도 정말 훌륭한 여행이라고 이야기해주고 싶다.

아이들이 사람에 대한 긍정적인 기대, 신뢰하는 마음을 기본적으로 가졌으면 좋겠다. 하지만 요즘 워낙 사건 사고들이 잦다 보니 어릴 때부터 낯선 사람을 경계하도록 가르치게 된다. 놀이터에 아이 혼자 보내기도 무서운 세상이 되었다는 말을 들을 때는 마음이 무겁다. 아이가 안 맞는 친구 때문에 스트레스 받는 것보다 혼자 지내는 게 나은 것 같다는 이야기를 들을 때면 안타깝다. 나두 이런 고민을 할 때가 많다.

날씨가 시원해져서 아이와 배드민턴 라켓을 들고 밖에 나갔는데 놀이터에도 배드민턴장에도 사람이 없는 날이 있다. 그래도 봄에는 아이들로 북적북적하긴 했는데, 아이들이 크면서 학교 밖에서 또래 친구들을 만날 기회가 줄어든다. 그렇다고 집에만 있을 순 없으니 이것저것 놀거리를 챙겨 나가본다. 놀다 보면 한 명이 오고, 두 명이 오고, 그러다가 여러 명이 모여 다 같이 어울려 노는 일이 종종 일어난다. 이렇게 사람과의 좋은 기억을 쌓다 보면 세상에 대해 긍정적인 시선을 가질 수 있을 거라 믿는다. 육아하며 가지게 된 특기인 좋게 해석하기는 이럴 때도 발동한다.

갈수록 사람들과의 접촉이 줄어드는 세상이다. "어차피 인생은 혼자서 가는 것이고 고독한 것이다."라고들 말하지만 나이 들수록 사람이 주는 긍정적인 힘을 멀리하고 살 수 있을까 하는 생각이 든다. 물론 사람 때문에 힘들기도 하고 스트레스를 받기도 하지만 또 사람으로부터 위안을 받기에 함께하는 즐거움을 내려놓는 건 아쉽다. 나는 내향적인 사람이고 혼자 있는 시간을 좋아하지만 사람과의 접촉이 한동안 없을 때면 가끔 우울감을 느끼기도 한다. 『행복의 기원』이라는 책에서는 다양한 연구 결과 인간이 행복감을 가장 많이 느끼는 원천이 '사람'이라고 말한다. 인간은 인간과의 관계 속에서 가장 많은 쾌감을 느끼는 사회적 동물이라는 것이다. 그래서 나도 수줍음이 많은 성격이지만 새로운 모임에 나갈 용기를 내는 것인지도 모른다.

나이가 들어보니 사람은 어울려 살면서 즐거움과 행복을 자주 느낀다는 걸 깨닫는다. 그래서 아이들이 사람을 만나고 세상을 만날 기회를 마음껏 가졌으면 좋겠다. 아이들에게 정말 소중한 시간이 무엇인지, 아이들이 성장하며 놓치지 말아야 할 것이 무엇인지 이미 어른들은 알고 있지 않을까.

체력?
엄마만 따라와

친정아버지는 내가 스무 살이 되던 해 처음 자동차를 샀다. 시골 할머니 집에 갈 때 부모님을 따라 세 자매가 시외버스를 타고 다니던 기억이 생생하다. 할머니가 살았던 남해는 따뜻해서 눈이 많이 내리지 않는데 내가 초등학생 때인가 설날에 눈이 엄청 많이 내렸다. 할머니 집에서 읍내까지 버스가 운행되지 않아서 부모님을 따라 걸어서 산을 넘었다. 꽤 먼 거리였음에도 걷는 것이 익숙해서였을까, 그렇게 힘들지 않았던 것 같다. 눈 쌓인 길을 걷는 게 마냥 재미있어서 언니, 동생이랑 신나게 가고 있으니, 아버지는 "옛날에는 이 산길을 매일 걷고 넘어서 학교에 갔다."고 말씀하셨다. 70세가 넘어도 아버지 체력이 좋은 건 어린 시절, 산을 넘어 통학했던 덕분인가 하는 생각이 문득 들었다.

그렇게 우리는 성인이 될 때까지 자가용 없이 버스를 타고 걸으며 여기저기 다녔다. 그 덕분인지 언니와 나, 동생은 체력 하나는 누구에게도 뒤지지 않는다. 특히 아주 튼튼한 하체를 자랑한다. 오죽하면 언니 친구는 우리 가족을 보고 '태릉인 가족'이라 부르기도 했다. 대학생 때도 집에서 학교까지 자주 걸어 다녔다. 왕복 7km 정도였는데 구두를 신은 날은 운동화를 챙겨 다니기도 했다.

체력이 좋다는 것은 살면서 여러 가지로 장점이 되었다. 회사 다닐 때는 출근 전에 수영이나 테니스 강습을 받아도 근무 시간에 끄떡없었다. 자취하면서 회사에서 출장과 야근이 잦을 때도 크게 아파본 적이 없는 것 같다. 어릴 때는 내가 몸도 약하고 잘 안 먹어서 개구리도 고아 먹이고 하셨다는데, 몸을 늘 움직여야 한다고 강조하셨던 부모님 덕분인지 청소년기를 거쳐 어른이 되고 나서는 체력이 많이 좋아졌다.

육아하면서도 체력 덕을 크게 보았다. 출산 예정일이 가까워지는데도 뱃속 아기가 내려오지 않고 있으니 열심히 걸으라는 의사 선생님 말씀에 남편과 저녁마다 운동했다. 만삭의 몸으로 신발 밑창이 떨어질 정도로 걸었으니 오히려 불었던 체중이 줄고, 힘이 더 생기는 기분이었다. 둘째가 태어나고 아이 둘을 데리고 부지런히 밖으로 나갔다. 집에서 아이들과 재미있게 놀아주는 엄마는 아니었지만, 체력은 괜찮다고 자부했으므로 아기띠를 하고, 또 유아차를 끌며 여기저기 많이도 다녔다.

태어날 때부터 에너지가 많았던 첫째는 밤에 재우는 데 시간이 오래 걸렸는데, 신나게 논 날에는 일찍 잠들었다. 그래서 아이들을 데리고 열심히 다녔나 보다. 이렇게 체력이 뒷받침되었던 건 부모님 덕분이기도 했다. 지금도 친정집에 가면 '몸을 귀찮게 하라'는 글씨가 거실 가운데 붙어 있는데 나이가 조금씩 들어가니 몸을 귀찮게 하는 게 체력에도 좋고 건강에도 좋다는 걸 깨닫는다.

지금은 체력의 중요성을 더욱더 느끼는 중이다. 가끔 아이를 돌볼 때도 내 몸이 힘들고 체력이 받쳐주지 않으면 짜증을 더 내게 된다. "엄마 너~무 피곤해. 이거 하고 저거 하고 엄마 힘들겠어? 안 힘들겠어?" 하소연하기도 하면서.

너그럽고 여유 있는 태도의 근간에는 체력이 빠질 수 없다. 나이 들수록 힘에 부치지 않아야 나에게도 다른 사람에게도 너그러워질 수 있다는 걸 알게 되었다. 아이를 낳기 전에는 수영이나 등산, 필라테스 등 꾸준히 운동하려 노력했는데도 아이를 키우며 움직이는 게 귀찮아질 때가 많다. 그래도 뒷산에 오르고 집에서 근력 운동도 한 번씩 하려고 애쓴다.

체력의 중요성은 어른뿐 아니라 아이들에게도 적용된다. 첫째가 초등학교 입학할 시기가 되었을 때 아이 친구 엄마들과 어떻게 입학 준비를 하고 있는지 이야기를 나누었다. 한글 떼기, 덧셈과 뺄셈 익히기, 영어 파닉스 시작하기 등 학습적인 부분이 많이 언급되었지만 사실 내가 생각하는 첫 번째 준비는 '규칙적인 생활과 충분한 체력 만들기'였다.

어느 초등학교 선생님이 강의에서 "1학년 때 아이들에게 해줘야 할 것은 학원도 학습지도 아닌 충분한 수면과 영양 섭취"라고 강조한 바 있다. 어린이집이나 유치원에서보다 더 규칙적이고 긴장되는 생활에 쉽게 피로해질 수 있기 때문이다. 체력이 부족하면 초등학교 생활을 힘들어하는 친구들도 많다고 한다.

우리 아이들은 몇 년 동안 많이 뛰어놀고 돌아다닌 덕분에 체력이 좋은 편이다. 첫째는 어릴 때부터 피곤하면 목이 잘 붓곤 했는데 며칠 무리하면 열도 나고 아파서 잘 먹지도 못했다. 그럼에도 아이는 컨디션이 괜찮아지면 또 기를 쓰면서 밖에서 놀려고 했다. 아이를 막을 수 없으니 일찍 재우는 것으로 컨디션을 유지하려 노력했다. 그래도 5세까지는 한 계절에 꼭 한두 번은 편도가 부어 열이 나고 고생했는데, 7세부터는 증상이 많이 나아졌다. 아이들은 놀다가 좀 아프다가, 그러면서 체력이 조금씩 좋아지나 보다.

둘째는 네 살 때쯤 얼굴과 손목에 아토피 피부염이 심해 병원을 다녔다. 많이 긁어서 피도 났는데 그런 모습을 볼 때마다 마음이 아팠다. 간식을 거의 끊고, 식단 조절하면서 집중했던 것이 운동이었다. 그때 또래 아이들보다 체중 증가 폭이 컸던 둘째는 꽤 통통한 편이었다. 남편은 아토피가 유아 비만과도 관계가 있을 수 있으니 열심히 몸을 움직이게 해보자고 제안했다. 그때부터 둘째를 데리고 달리고, 놀이하고 열심히 운동을 시켰다. 자연스럽게 호전된 것인지, 운동 때문인지는 모르지만, 다행히 2년 정도 고생하다가 아토피 증상이 거의 사라졌다. 그때의 시간 덕분일까, 둘째는 오빠만큼 체력이 좋다. 6세 때는 우리를 따라 관악산 정상까지 거뜬히 올라가기도 했다.

구례에서 농촌 유학할 때는 곧잘 같이 산에 오르곤 했던 아이들과 꼭 지리산 노고단을 가보고 싶었다.

"애들아, 노고단 갈래?"

노고단이 뭔지도 잘 모르는 아이들은 그저 어디 간다는 말에 신이 나서 따라나섰는데 산을 오를수록 아이들의 앓는 소리도 커졌다. 그래도 서울에 있을 때 집 근처 관악산이나 삼성산 등을 오르기도 했고, 매일 꾸준히 움직였던 덕분인지 제법 잘 따라 올라왔다.

"조금만 가면 돼, 저기 보이지? 저기 가서 좀 쉬고 또 조금만 올라가 보자."

그렇게 9세, 7세 아이들을 다독거렸고, 아이들은 노고단 정상에 올랐다. 심지어 첫째는 그날 오전 남편과 수영까지 다녀왔었는데 4시간 등산까지 잘 해냈다. 포기하지 않고 올라온 아이들에게 장엄하고 멋진 풍경이 선물처럼 주어졌다.

이제 고학년이 되니 아이 체력을 걱정하는 얘기를 많이 듣는다. 학교에 있는 시간이 많아지고, 학습량도 늘어나고, 해야 할 게 많아지는데 아이들이 체력이 안 돼서 힘들어하는 게 보인나는 것이다. 뒤늦게 대권도 학원을 보내기도 하고, 일주일에 몇 번이라도 운동할 기회를 주려고 노력한다고 한다. 태어날 때부터 체력이 좋은 아이들도 있지만, 그렇지 않아도 열심히 뛰고 움직이면 체력이 좋아진다는 걸 경험했다. 그렇게 하루에 잠깐이라도, 일주일에 몇 시간이라도 운동하고 몸을 귀찮게 하는 노력이 아이들의 체력을 조금씩 올려줄 것이라 믿는다.

요즘 청소년기 신체 활동 부족이 문제라고 한다. 책상에 앉아 공부하는 시간이 많아지니 자연스러운 현상이라고 하지만 몸이 허약해지면 마음도 허약해질 텐데 싶어 안타깝다. 어릴 때 신체 활동을 충분히 한 아이들이 나중에 규칙적인 운동을 할 확률이 높다고 하는데 취학 전부터 바깥에서 뛰어노는 시간이 부족해지고 있다.

아이들이 좀 크면 부모들이 많이 하는 걱정 중 하나가 "밖에 나가서 운동하려고 하지 않는다."는 것이다. 그러니 아이들이 자발적으로 나가서 움직이고 싶어 할 때를 놓치지 말자. 밖에서 걷고 뛰고 놀며 땀을 내는 사이, 체력과 운동 신경이 조금씩 향상되고 있을 것이다. 체력이 좋다는 것, 운동을 좋아하는 것은 살면서 큰 자산이 된다. 누구나 노력하면 가질 수 있는 그 능력을 지나치지 말았으면 좋겠다.

사회가 제공하는
풍요를 누리는 육아

동네에 자주 가는 도서관 두 곳이 있는데 둘 다 아래층에 장난감 도서관이 있다. 아이들이 초등학생이 된 후로는 갈 일이 없지만 호기심에 슬쩍 안을 들여다보았다. 멀리서 봐도 알록달록 다양한 장난감이 놓여 있었다. 돌이 지난 첫째를 유아차에 태우고 지하철 2호선을 타고 을지로입구역에 있는 장난감 대여소를 가끔 갔던 기억이 났다. 장난감도 몇 개 빌리고, 한쪽에 마련된 놀이 공간에서 아이와 시간을 보내는 게 활력이 되었던 시절이다. 아이 취향에 맞을지 안 맞을지 몰라서, 아니면 잠깐 쓰고 말 것 같은 장난감을 무료로 빌릴 수 있어 경제적으로도 도움이 됐다.

오랜만에 문득 생각이 나서 '서울시장난감대여소'를 검색하니 장난감 도서관 홈페이지가 뜬다. 와, 요즘은 라돈

측정기도 대여해주는구나. 예전에는 없었던 백일 돌상 대여도 눈에 띄고 양육자와 아이가 하는 놀이 영상을 보내주면 전문가가 분석해 1대1 상담하는 육아 코칭 서비스도 흥미로웠다. 잘 이용하면 육아에서 유용하게 도움받을 수 있는 혜택다.

아이들이 초등학생이 되고 나서는 장난감 도서관 대신 책을 대여할 수 있는 도서관을 적극 이용하고 있다. 이사 가면 동네 도서관에 회원가입을 하고 아이들 책, 내 책을 빌린다. 집에는 따로 전면 책장을 두어 도서관 책을 꽂아놓고 잘 보고 있다. 아이들이 좋아하는 책은 구매하기도 하지만 도서관 이용만으로도 충분히 다양한 책을 볼 수 있다. 집 근처에 큰 도서관이 없더라도 동네 곳곳에 작은 도서관이 있고 상호대차를 이용하면 편리하게 책을 빌릴 수 있는 환경이다. 책 살 돈이 없어 책을 못 읽는 건 옛말이 되었다. 그만큼 아이들의 독서 환경이 참 좋아졌다.

도서관을 출입할 때마다 게시판을 꼼꼼하게 확인하는데, 지난 학기에는 도서관에서 하는 과학실험 수업을 신청했다. 8주 수업에 재료비가 총 4만 원. 매주 2시간씩 진행되는 수업의 커리큘럼도 꽤 만족스러웠고, 아이도 즐겁게 참여했다. 덕분에 그사이 둘째와 도서관 데이트도 매주

할 수 있었으니 일거양득이었다. 분기별로 진행되는 도서관 수업을 살펴보면 괜찮은 수업이 꽤 많다. 수업도 점점 다양해지는 것 같아 아이들 시간만 된다면 여러 강의를 신청하고 싶기도 하다. 물론 공공시설에서 제공하는 것들을 잘 이용하려면 부지런해져야 할 때가 많다. 어떤 수업이 있는지 늘 관심 가져야 신청 기간을 놓치지 않는다. 꼼꼼히 체크해도 신청 시작과 동시에 열심히 클릭해야 하고, 아이들을 직접 데려다주고 기다려야 하는 것도 일이다. 그럼에도 이런 공공시설의 수업이나 체험은 참 고마운 존재다. 사교육비가 부담스러운 요즘에는 더 반갑다.

아이들과 어디 갈지 고민할 때도 시에서 운영하는 과학관, 공공 놀이시설 등을 찾아본다. 얼마 전에는 날씨가 더워 아이들과 과천과학관으로 놀러 갔다. 아이들 어릴 때 열 번 넘게 갔을 텐데도 몇 시간은 재미있게 보내다 온다. 주차료와 입장료는 다자녀 할인까지 받을 수 있고, 내부에 널찍한 휴게실이 있어서 외식비도 많이 들지 않는다. 채집통을 챙겨간 첫째는 곤충관에서 한참 시간을 보내고, 잔디밭에서 메뚜기를 잡고 놔주기를 반복했다. 어릴 때 관심 없었어도 초등학생이 되니 흥미가 생기는 전시관도 있나 보다. 뜸했던 과학관 나들이를 앞으로 종종 하게 될 것 같다.

서울 광진구의 어린이대공원 상상나라도 내 육아에서 큰 지분을 차지했던 장소다. 첫째가 네 살, 둘째가 두 살 때 처음 연간 회원권을 끊어 자주 갔었다. 남편이 일하는 주말에 두 아이와 온종일 놀고 오면 얼마나 꿀잠을 자던지. 몇 년 전부터 서울시 거주 다자녀 가정은 무료 입장으로 바뀌었는데 연간 회원 가입비도 3인 가족 4만 원(2025년 기준)이니 부담이 없다. 공간도 널찍하고 관리도 잘 되어 있고. 다른 지역에 놀러 갈 때도 이렇게 저렴하게 이용할 수 있는 공공시설을 찾게 된다.

동네 놀이터와 뒷산, 아이들이 놀기에 괜찮은 공원을 찾아다니다 보니 비용을 들이지 않고도 놀 수 있는 곳은 많다는 걸 알게 되었다. 요즘은 공원도 얼마나 잘 되어 있는지. 아이들이 어릴 때 한 번씩 갔던 군포 초막골 생태공원은 내가 가장 좋아하는 장소 중 하나이다. 커다란 놀이터가 두 군데, 거기다 숲 놀이터에 넓은 잔디밭까지 아이들이 신나게 놀 수 있는 공간이 가득하다. 특히 모래 놀이터 바로 옆에 물을 받고 발 씻는 곳도 있어 모래놀이 도구를 한가득 챙겨 가면 하루 종일 재미나게 놀 수 있다.

트램펄린 부럽지 않은 탄성 놀이터에서 땀이 나게 뛰어주고, 숲 놀이터에 가서 놀다가 옆에 얕은 계곡 같은 데서

송사리도 잡았다가 놓아주고. 그렇게 신나게 시간을 보내고 집에 오면 왠지 뿌듯하다. 적은 비용으로 아이들과 좋은 시간을 가진 것 같아서. 소비에서 비롯된 즐거움이 아니라서 더 마음이 충만해진달까. 시간이 지나도 기억에 오래 남는 충만함이다. 좀 재미없게 보내고 오더라도 마음이 한결 관대해진다.

예전보다 돈이 없으면 아이들 키우기 어려워진 세상이라고도 하지만 자세히 보면 아이들과 누릴 수 있는 것이 적지 않다. 인프라도 좋아졌고, 공공의 소비 시설을 활용하면 비용을 적게 들이고도 아이들과 할 수 있는 것이 무궁무진하다. 어릴 때부터 이런 공공시설에 익숙해진 아이들이라 키즈카페, 놀이공원 등에 대한 욕망은 크지 않다. 우리가 가진 것에서 누릴 수 있는 것을 충분히 누리고 있기에 아직은 크게 부러워하지도 않는 것 같다.

내 소유의 돈이 작아서 오는 공포심을 조금만 누르면 보인다. 이 풍요로운 세상이 베풀어준 교육, 넓고 다양한 세상, 넘치는 지식, 공공의 소비 시설이.

_『숲속의 자본주의자』, 박혜윤, 다산초당, p.44

남보다 가진 것이 부족하고, 남보다 아이에게 해줄 수 있는 것이 부족하다는 사실은 육아하는 사람에게 두렵게 다가온다. 요즘은 더 그렇다. 하지만 내가 가진 것이 좀 부족해도 우리 사회가 제공하는 좋은 것들을 취하며 살았기에 육아하며 만족감과 즐거움을 누려왔구나 하는 생각이 든다.

이렇게 아이들이 어릴 때는 '가진 만큼, 내가 할 수 있는 만큼' 나름 유쾌하게 육아했는데 아이들이 고학년이 되면서 함께 이용할 수 있는 공공시설이 줄어들고 있어 아쉽다. 우리 지역에는 청소년문화의집이 있긴 하지만 고학년부터 중고등학생들은 대부분 학원에 가느라 여가 시간을 보낼 시간도 많지 않아서인지, 이용이 저조할 것을 예상해서인지 수가 부족하고 접근성도 낮다.

이제는 상상나라나 놀이터가 잘 갖춰진 공원 등이 시시해지고 있는 아이들과 어디를 가야 할지 고민할 때가 많다. 가끔 아이들을 데리고 스포츠 경기를 관람하기도 하고 요즘은 주말에 집 근처 체육센터에서 아이들과 수영하곤 한다. 가끔 집 근처에서 무료로 공연을 볼 수 있는 기회도 있어 아이들을 데리고 다녀온다. 실내 놀이터, 롤러장, 실내 암벽 등반, 스포츠 시설 등은 비용을 내야 하고 저렴하지 않은 곳도 많다.

'너희들은 어디서 여가 시간을 보낼 수 있을까?' 커가는 아이들을 보며 한숨 반, 안타까움 반이다. 청소년들이 몸을 쓰며 어울려 운동할 수 있는 시설, 좀 더 색다른 체험을 할 수 있는 공공시설도 많으면 좋으련만. 그래도 열심히 찾다 보면 또 있지 않을까. 아이들 교육에 신경 쓰는 만큼 아이들이 누릴 수 있는 문화적 풍요가 많아지면 좋겠다. 그럼에도 예전보다는 훨씬 더 풍부해졌으니 열심히 찾아서 누려야겠다.

소박하게
낯선 것과 마주하는 여행

얼마 전 살고 있는 지역의 청소년수련관에서 가족 캠프 참가자를 모집했다. 핼러윈과 촌캉스를 콘셉트로 가족사진 찍기 챌린지를 수행해야만 신청할 수 있단다. 이것저것 작성해야 하는 것도 많았지만 즐겁게 분장도 하고 집에 있는 소품을 동원해 촬영하는 시간이 즐거웠다. 여름에 캠핑을 다녀온 뒤 날씨가 부쩍 추워져 올해 캠핑은 접어야 하나 했는데 운 좋게 뽑혀서 1박 2일 아이들과 신나게 캠핑을 다녀왔다.

글램핑장인 데다 이불과 식기 등이 모두 준비되어 있는데도 이것저것 챙겨 갈 게 많았다. 남편과 돌아와 짐을 정리하면서 "어휴, 글램핑도 이렇게 힘든데 우리 캠핑은 어떻게 다녔던 걸까?" 한목소리로 얘기했다. 남편이 "이제 캠핑은 가지 말자."라고 하길래 "정말? 저기 베란다 창고에 있는 캠핑용품 다 정리할 거야?" 놀라서 말했다.

"아니, 올해는 가지 말자고."

그래, 캠핑을 몇 번 간 이상, 아예 안 가기는 아쉽지.

아이들 어릴 때는 차로 4, 5시간 걸리는 양가 부모님 댁에 가는 것 자체가 여행이었으니 공짜 숙소가 있는 셈이었다. 그런데 아이들이 크면서 어디 놀러 가려고 하니 숙박비에서 심란해질 때가 많았다. 좀 괜찮다 싶은 곳은 하룻밤 묵는 비용이 꽤 부담스러웠다. 이에 비하면 캠핑은 모든 걸 준비해야 하긴 하지만 숙박비용이 훨씬 덜 들었다. 또 아이들이 사춘기가 되면 대화가 점점 사라진다는데 캠핑이면 아이들이 좀 커도 따라나서지 않을까. 가서 어떻게든 부대끼고, 이야기할 수 있는 시간도 생기지 않을까. 그렇게 아이들을 키우며 '캠핑'이라는 두 글자가 내 마음에 새겨졌다.

그리고 마침 그때 친한 동생이 캠핑에 초대했다. 장비는 다 있으니 몸만 오라는 말에 염치 불고하고 합류했다. 계곡에서 신나게 놀고, 캠핑장에 와서 먹는 백숙은 꿀맛이었다. 장작에 구운 장어구이와 한우구이는 최고였다. 풀벌레 소리 들으며 잠자는 것도 낭만이었다(캠핑은 낭만만 있는 게 아니라는 걸 나중에 알게 되었지만). 무엇보다 캠핑에 심드렁

했던 남편 마음이 바뀌었다. 갑자기 "우리도 텐트 하나 살까?" 하길래 이때다 싶어 같이 열심히 검색하고 중고 장터를 찾아봤다. 한두 번 갔다가 힘들어서 캠핑을 접는 경우도 있기 때문에 장비를 모두 구매하지는 않았다. 텐트와 잠잘 때 딱딱한 바닥에 까는 자충매트, 아이스박스, 전기매트, 랜턴, 캠핑 의자 등을 사고 나머지는 집에서 쓰던 것들을 챙겨서 가져갔다.

어느 캠핑 사이트에서 캠핑 준비 최소 비용이 평균 100만 원 정도라는 것을 보았다. 더 많은 장비를 구매할 경우 비용은 훨씬 커질 수 있고 중고 시장을 활용하고 꼭 필요한 최소 장비만 구입한다면 비용을 더 줄일 수 있다. 당근 마켓에서 거실형 텐트를 23만 원에 구매하고, 아이스박스, 캠핑 의자 등도 중고로 장만했다. 그렇게 초기 비용 50만 원 정도를 들여 첫 캠핑을 준비했다.

처음 캠핑을 다녀와서 남편이 가장 힘들어한 것이 차에 짐을 싣는 일이었다. 트렁크를 꽉꽉 채우고도 부족해 아이들 발밑에, 카시트 사이에, 내 발밑에 짐이 한가득. 장기적으로 본다면 루프백(차 위에 올리는 가방)이 꼭 필요할 것 같아 중고로 구입하기로 했다. 그렇게 캠핑하러 다니면서 필요한 물품을 조금씩 더 늘려나갔다. 앞으로 자주는 아니라도 꾸준히 캠핑하겠다는 마음이 생기고 나니까 꼭 필요한 건 사야겠다는 생각이 들었다. 대신 멋진 장비들을 볼 때마다 부럽던 마음을 접고 집에 있는 수납공간에 들어갈 만큼만 장비를 추가 구매했다. 캠핑은 조금의 불편함을 감수하러 가는 것이라고 생각하니 욕심이 없어졌다. 딱 필요한 것만 갖춘 우리 집 캠핑용품은 그래서 간소하다. 물론 아무리 간소해도 하나부터 끝까지 준비해야 하기에 차 트렁크를 꽉 채우고 차 위에 루프백까지 채워야 하지만.

처음에 몇 번 갔을 때는 편한 집 놔두고 이 고생을 왜 할까 싶었다. 캠핑을 앞두고 일기 예보에 전전긍긍할 때마다 캠핑은 왜 시작해가지고는, 여러 번 후회하기도 했다. 4월에도 날씨가 너무 추워 아이들 이불 덮어주며 덜덜 떨다가 밤을 새우기도 하고, 여름에는 또 얼마나 습하고 더운지 몸에 물을 적시고 앉아 있어야 좀 살 것 같았다. 캠핑하는 내내 비가 왔던 날은 빗소리 참 좋다~에서 비 새는 거 아니야? 하는 걱정까지. 낭만과 불안을 오고 간다. 이것은 여행인가, 극기 훈련인가.

캠핑을 다녀온 날 우리 가족이 하는 대화는 늘 이렇다.

"역시 집에서 밥 먹는 게 편해."

“밥 먹는 것만 편할까. 잠자고 씻는 것도 집이 훨씬 편하지.”

“그러게, 우리 캠핑 왜 가지?”

이야기를 하다가 같이 깔깔 웃는다. 캠핑을 다녀올 때마다 “아고… 고생이다.” 하면서도 안 가면 아쉽다. 우리는 루프백을 달고 다니는 차를 보면 “캠핑 가나 보네~ 좋겠다.” 부러워하고 날씨가 좀 시원해지면 또 어디로 가볼까 찾아본다. 누구를 위한 여행이냐며 툴툴거리면서도.

지난여름에도 휴가철에 캠핑장으로 3박 4일 여행을 다녀왔다. 여름 캠핑은 다른 계절보다 쉽지 않다. 먼저 짐 실을 때, 텐트 칠 때, 철수할 때 등 땀을 아주 많이 흘린다. 캠핑하면서도 햇볕과 더위와 싸워야 한다. 그래도 가장 큰 장점은 성수기 휴가철에도 비교적 저렴하게 여행을 다녀올 수 있다는 것이다. 남편과 웃으면서 우리의 노동력으로 비용을 아꼈다고 말하곤 한다. 평소보다 캠핑장 비용이 조금 더 비싸긴 하지만 3박에 20만 원을 넘지 않으니, 숙박비가 저렴하다. 아침, 점심, 저녁을 거의 해 먹어서 사 먹는 것보다 식비도 훨씬 아낄 수 있다.

이번에 갔던 캠핑장은 걸어서 바다까지 갈 수 있어 해변에서 파라솔을 대여하지 않아도 괜찮았다. 3박 4일 일정에 강원도 바다에서 40만 원 조금 넘는 비용으로 잘 먹고 잘 놀다 왔다. 물론 캠핑 간 처음 이틀은 너무 습하고 저녁에는 비도 와서 힘들었다. 바람도 많이 안 불어 샤워하고 나왔는데 저녁 준비하다 보니 옷이 금방 땀으로 젖고, 성수기라 샤워실에도 사람이 많고 바닥에는 모래가 가득했다. 그래도 어릴 때부터 캠핑하러 다녀서 그런지 아이들은 이런 상황에도 아직은 별 불만 없이 기다리고, 낑낑거리면서도 좁은 샤워실 구석에서 옷을 갈아입는다. 덥고 옷이 쩍쩍 달라붙어도 재미있단다. 더운데 매 끼니 음식 준비하는 것도 쉽지 않았다. 마지막 날에는 저녁에 비도 안 오고 바람도 많이 불어 방충망만 닫고 텐트 창을 열고 잤더니 누워서도 바깥에 나무와 하늘이 보였다. 둘째랑 텐트에 누워 살랑살랑 흔들리는 나무를 쳐다보며 하늘이 참 예쁘다고 속삭였다. 그래 이 맛에 캠핑하는 거지.

집에 온 우리는 연신 "역시 집이 최고야. 화장실도 가깝고. 에어컨도 너무 시원해~." 하며 감탄했다. 역시 집이 제일 편하다. 자면서 아이가 화장실 가고 싶다고 깨워도 먼 길 다녀오지 않아도 된다. 집의 소중함을 알기 위해 캠핑을 가는 것인지도 모르겠다.

쾌적한 숙소보다는 캠핑을 더 자주 다닌 아이들. 여전히 나는 텐트 잠자리가 불편한데 아이들은 신나게 놀고 피곤해서 그런지 시끄럽고 불편해도 잘 잔다. 저렇게 익숙해지면 어딜 가도 잘 자려나. 아이들이 좀 커서 이제는 설거지를 도와주거나 과일, 채소 씻어 오기 정도는 하고 있다. 첫째는 땅에 팩 박는 걸 좋아하고 둘째는 텐트 안을 같이 정리하고 꾸미는 걸 좋아한다. 사춘기가 되어도 함께 즐겁게 캠핑 가는 걸 꿈꾸며 앞으로는 각자 해야 할 일을 좀 늘려볼 생각이다.

우리 가족 여행의 신조는 '소박하게 낯선 것과 마주하기'다. 이왕 가는 여행이니 좋은 곳에서 자고, 맛집을 찾아다니고 하는 마음은 접어둔다. 불편해도 즐거운 여행이 되는 방법을 궁리한다. 그러면 궁상맞다거나 처량하다는 생각이 들지 않는다. 집 밖에서 새로운 것과 마주하며 부족한 것을 수용하는 훈련도 여행이 주는 배움의 기회다.

"엄마, 다음에는 캠핑하러 가서 열 밤 잤으면 좋겠어."

늘 집에 오는 걸 아쉬워하는 아이들이다. 나중에 커서도 엄마 아빠 따라 캠핑장 가는 걸 싫어하지 않았으면 하는 바람으로 수납장을 채운 캠핑용품을 다정하게 바라본다.

"여보~ 내년에도 우리 훈련, 아니 캠핑 가는 거지?"

누가 동네 산책을
사소하다고 말했나

부지런히 아이들을 데리고 이곳저곳 다니는 다른 사람들의 사진을 보면 아이에게 미안한 마음이 든다는 엄마들이 많다. 요즘 SNS에 육아 사진이나 아이와의 여행기를 올리는 경우가 많으니 내가 아이에게 해주는 것과 비교하게 되는 게 당연한 것 같다. 매일 똑같은 곳만 가니까 아이가 지루해하지 않을까. 새로운 곳을 자주 데려가 줘야 할 것 같은데 집 앞 산책만 하는 것 같다며. 체력적으로 양육자가 힘들어서 여기저기 돌아다니지 못할 수도 있고 아이 기질이 예민해서 낯선 장소에 가는 게 고민될 수도 있다. 그럼에도 (저런 곳은 어떻게 찾았나 싶게) 예쁘고 멋진 장소, (나도 한번 해봐? 이미 검색 중이다) 재미있는 체험을 하는 남의 집 아이 사진을 보다 보면 걱정이 밀려온다. 나는 영유아 시기에 적절한 자극을 주고 있는가 하고.

아이들이 초등학생이 되고 나니 어린 자녀를 둔 부모들이 부러운 순간이 있다. 어디 가자고 하면, 거기에 재미있는 거 뭐 있냐고 아이들이 물을 때다. 어릴 때는 집 앞에만 나가도 시간 가는 줄 모르고 탐색하고 관찰하고 만지며 하하호호 웃던 아이들인데, 열 살이 넘어가니 자꾸 재미난 걸 찾는다. 매일 똑같은 동네 산책만으로도 하루가 풍성하게 채워졌던 그 시절이 그립다. "이 순간을 즐기세요. 온종일 동네만 산책해도 아이에게 전혀 미안해하지 않아도 되는 순간을요." 하고 말하고 싶어 입이 근질근질하다.

생각해 보면 유아 시기, 아이들의 주무대는 동네 놀이터이자 근처 공원, 매일 가던 장소였다. 익숙한 장소라 돌발 상황이 적으니 내 마음도 훨씬 편했다. 목적지를 찾기 위해 지도를 볼 필요도 없고 점심은 어떻게 할지, 아이가 오면서 잠이 들면 어쩌나 걱정할 필요도 없었다. 아이들도 마찬가지였던 것 같다. 예측할 수 있는 상황에서 아이 마음도 더 편안해진다. 익숙하고 안정된 곳에서 아이가 새로운 것을 시도해 보는 적극성도 늘어날 수 있다. 낯선 곳에 가게 되면 아이들이 탐색하고 적응하는 데에도 시간이 필요하고, 어느 정도 긴장감도 들 것이다. 물론 그곳에서 제공하는 즐거운 놀이 서비스를 실컷 즐기다 돌아오는 것도

좋겠지만, ‘아이 스스로 창조하고 선택하는 기회’는 적어
질 수도 있다.

보통 동네에서만 놀다가 남편이 없는 주말에는 어린이
대공원 상상나라 또는 과학관을 가곤 했다. 어린아이 둘
을 데리고 외출하는 게 보통 정신없는 일이 아닌데 익숙
한 장소에 가면 피로감이 덜했다. 상상나라 연간 회원에
가입해 똑같은 코스로만 갔던 것도 그런 이유였다. 물론
갔다 오면 녹초가 되곤 했지만. 동네에서 놀다 보면 피곤
할 일도 줄어드니 아이들에게도 더 온화한 엄마가 되었다.

첫째가 네 살, 둘째가 두 살 때 갔던 제주도 여행을 떠올
려 보면 좋기도 했지만 힘들기도 했다. 아이가 갑자기 아
파 병원을 찾아가느라 고생도 했고, 관광지라 사람들이
많다 보니 기다리다 지쳐 아이도 짜증이 많아졌다. 결국
남편이 “이제 아이들 초등학생 될 때까지 제주도는 가지
않겠다! 아니 멀리 여행은 가지 않겠다!”라고 선언하기도
했다.

그러니 아이들이 어릴 때 멀리 여행하지 않더라도 아쉬
워 말자고 아이와 집 앞 공원, 놀이터에 자주 나가는 것으
로도 충분하다고 말해주고 싶다. 아이는 동네와 자연과
친숙해지고 그 속에서 주도적으로 놀 수 있는 방법을 궁

리할 시간도 많이 갖게 될 것이다.

가끔은 맨날 똑같은 곳만 가고 비슷한 것만 하니 "엄마 너무 심심해요. 할 게 하나도 없어요."라고 말할 때도 있다. 하지만 안쓰러운 마음은 거두고 이럴 때가 아이가 놀이를 만들어내는 절호의 기회라 생각했으면 좋겠다. 아이에게는 심심하거나 지루한 상황도 꼭 필요하다.

"그래? 엄마도 뭘 해야 할지 모르겠네. 우리 10분 정도 뭐 할지 찾아보면 어때?"

그렇게 기다려주다가 "엄마도 같이 해요." 하면 그때 적극적으로 신나게 같이 놀면 된다. 심심한 가운데 재미난 것들을 찾는 연습, 작은 것에서 큰 즐거움을 얻는 연습도 할 수 있으니 얼마나 좋은가. 아이들이 초등학생이 되어보니 친구들 사이에서 놀이를 만들고 제안하는 능력도 중요했다. 매번 주어지는 놀이에 익숙한 것보다 이렇게 스스로 놀거리를 찾는 경험을 하는 것도 도움이 된다.

예전에 아이들과 농촌 유학을 할 때도 농촌에서 살아보는 것 자체가 귀한 경험이라는 걸 동네 산책하며 깨달았다. 정작 농촌에 왔는데 농촌을 체험할 수 있는 프로그램이 적은 것 같아 아쉬웠던 차에 아이들과 숙소 주변을 돌아다니게 된 것이다. 아이는 여기저기 핀 꽃 중에 학교에서 배운 꽃 이름을 이야기해 주기도 했고 작은 개울가에 앉아 나뭇잎을 떨어뜨려 떠내려가게 하는 걸 여러 번 반복하며 한참 놀았다. "이 동네에 이런 것도 있었어?" 나무에 걸린 그네를 발견하고는 신나게 타기도 했고 집 근처에서 풀을 뜯고 계신 할머니랑 잠깐 얘기 나눌 시간도 생겼다. 쑥부쟁이 한 더미를 팔에 올려주셔서 둘째랑 집에 뛰어가서 시원한 주스 하나를 꺼내 갖다드렸다.

거창하지 않아도 매일 보는 농촌의 풍경, 여기저기 눈만 돌리면 지천으로 핀 들꽃, 해질 때마다 감탄하는 하늘색과 밤하늘에 총총 떠 있는 별, 그리고 우연히 만나는 동네 분들. 마음을 건드리는 건 거창한 게 아니었다. 농촌 유학도 마찬가지였다. 그동안 어쩌면 아이들이 무언가를 배우는 '프로그램'이라는 이 네 글자에 너무 익숙해졌는지도 모르겠다. 농촌에서 특별한 체험이나 프로그램 이런 걸 하지 않아도 아이들은 이곳의 평화로움이나 흙냄새, 바람과 햇볕을 온몸으로 흡수하는 중이었을 텐데 말이다.

'자세히, 오래 보아야 사랑스럽다'라는 어느 시 구절처럼 매일 가던 곳, 익숙한 장소라도 잘 들여다보면 작은 기쁨, 새로움을 발견할 수 있다. 여느 여행 부럽지 않은 동네 산책, 아이들이 어릴 때 마음껏 누리도록 해주자.

4장

결핍이 만들어내는 기회

가끔이라서
더 특별해

체험학습 가기 전날, 아이는 한껏 들떠 있었다. 농촌 유학 할 때 학교에서 체험학습 참가 여부를 조사하는 안내장을 받았는데 장소는 전주동물원. 점심은 뷔페에서 먹는다고 적혀 있었다.

'와… 뷔페에서 점심을 먹는다고? 학생 수가 적어서 가능한 일이구나.'

학교에서 안내를 받고 온 아이는 "엄마! 내일 전주동물원도 가고 점심은 뷔페에서 먹는데요!"라며 종일 호들갑을 떨었다.

저녁밥을 먹고 이웃집 가족과 잠깐 산책을 하는데 뷔페에서 잘 먹는 요령을 알려주신다.

"아줌마가 뷔페 잘 먹는 법 알려줄까? 먼저 못 먹겠다 싶은 거 빼고 모두 조금씩 접시에 담는 거야. 그래야 맛은

다 볼 수 있겠지? 한꺼번에 많이 담았다가는 못 먹을 수도 있으니까. 그러고 나서 입맛에 맞았던 음식들을 집중적으로 담아 오는 거야!”

아이는 열심히 옆집 아줌마의 조언을 들었다. 그리고 집에 와서 잠깐 친정엄마와 통화를 하는데, 옆에서 갑자기 속닥속닥.

“엄마, 할머니한테 내일 저 뷔페에서 점심 먹는다고 이야기해줘요.”

얼마나 좋으면 저럴까 웃음이 나기도 하면서 한편으로는 그동안 제대로 된 뷔페식당 한 번 못 갔구나 하는 생각도 들었다. 한껏 들뜬 아이는 평소보다 1시간이나 일찍 일어났고, 나갈 때도 “엄마~ 뷔페 잘 먹고 올게요~.(응? 동물원 가는 거 아니니?)” 인사하고는 기분 좋게 등교했다. 그리고 집에 오자마자 동물원이 아닌 뷔페 이야기부터 했다.

“엄마, 사실 동물원보다 뷔페가 더 좋았어요. 뷔페 진짜 최고였어요. 아줌마가 알려준 대로 조금씩 떠서 먹어보고 맛있는 걸 많이 떠서 먹었어요. 사이다도 두 잔이나 먹고 환타도 먹었어요.”

아이에게는 어쩌면 첫 뷔페였으니 아주 특별했나 보다. 아이가 어렸을 땐 먹을 만한 걸 내가 가져왔었고 좀 컸을 땐 코로나 때문에 갈 일이 없었다. 가격도 좀 부담스러웠기에 뷔페 먹으러 잘 안 가는 편이기도 했다.

그리고 밤에 자려고 누웠는데 "엄마, 오늘 뷔페식당 얘기해줄까요?" 한다.

"오빠만 맛있는 거 먹고. 흥, 듣기 싫어 하지 마~."

먹성이 좋은 둘째는 오빠만 갔다 온 게 속상한지 거의 울먹이듯 말하다가 오빠가 너무 이야기해 주고 싶어 하니 "그러면 뷔페 이야기해 줘."라고 했다.

"음식을 다 먹고, 접시가 더러워지면 버튼을 누르면 돼요. 그러면 저~기서 로봇이 느릿느릿 와요 통에 접시를 담고 확인 버튼을 누르면 또 느릿느릿 가요."

"근데 절대 빨리는 안 오고요, 굼뜬 사람처럼 천천히 와요. 아 그리고 접시가 더러워지면 새 접시는 제가 가지러 가야 해요."

그리고 한 10분 동안 동생에게 또 설명했다.

"뷔페에는 별것이 다 있어. 치킨도 어러 가지 맛이고 바삭한 감자튀김도 있고 꼬치에 마시멜로를 끼워서 초콜릿에 퐁당해서 먹으면 진짜 꿀맛이야. 와플 구워주는 것도 신기하고 사이다, 환타 음료수도 다 있다? 참, 아이스크림도 엄청 맛있어."

“오빠, 그렇게 바삭해? 나도 감자튀김 좋아하는데.”

“엄마가 내일 감자튀김 해줄게. 근데 얘들아, 뷔페에는 음식들이 많은 만큼 좀 비싸기도 해.”

혹시 앞으로 자주 가자고 할까 봐 아이에게 이야기를 해줬다.

“비싸요?”

“응, 한 사람씩 다 돈을 내야 하는데 저렴하지는 않아.”

“제가 돈을 내야 돼요?”

“아니 그런 건 아닌데, 우리 가족 수만큼 엄마나 아빠가 한꺼번에 내야 해. 그래서 자주 갈 수 있는 곳은 아니야.”

그 뒤로 아이들 생일 즈음, 일 년에 한 번씩 뷔페에서 즐겁게 음식을 먹는다. 아이들 둘 다 8월에 태어나 합동 뷔페 나들이를 하는 거다. 접시를 들고, 음식을 둘러보는 아이들 얼굴에는 웃음이 한가득이다. 피자, 치킨, 불고기, 김밥, 탕수육, 스파게티 등 맛있는 음식이 얼마나 많은가. 와플에다가 아이스크림, 케이크, 젤리 등 간식은 또 어떻고. 즐겁게, 배부르게 먹는 아이들을 보면 좀 더 자주 가도 좋을 텐데 하는 생각이 들지만 한 번 식사에 10만 원이 훌쩍 넘으니, 가계에 부담이 되기는 한다.

바이킹과 롤러코스터 타는 걸 좋아하는 아이인데, 놀이

공원에 가는 것도 연중행사다. 극장 나들이도 가족이 한 번 가려면 팝콘도 사야지, 입장권도 사야지 제법 비용이 든다. 극장 나들이가 아이들에게는 특별한 행사이다 보니 극장을 다녀온 날은 영화관 놀이를 하기도 하며 여운을 길게 즐긴다. 키즈카페도 일 년에 한두 번 갔던 것 같다. 생각해 보니 비용이 좀 부담스러운 건 자연스레 연례행사가 되곤 한다.

초등학생이 되고 처음 공연장에서 뮤지컬을 제대로 봤던 아이들은 공연을 보고 나서도 노래를 한참 들었었다. 〈알사탕〉과 〈장수탕 선녀님〉 OST를 얼마나 들었는지. 집에서도 듣고, 차에서도 듣고, 그때 봤던 즐거움을 오래오래 느꼈다. 이렇게 가끔씩 경험하는 것은 두고두고 애기할 거리를 만든다.

아이들이 어릴 때는 생일이나 크리스마스가 아니면 장난감을 거의 사주지 않았다. 지금도 갖고 싶은 것이 있을 때 아이들은 "엄마 몇 살 생일에는 이거 받고 싶어요." "엄마 크리스마스 때 장난감 이거 갖고 싶어요." 하는 이야기를 하곤 한다. 예전에 아이는 친구가 하굣길에, 문방구에서 장난감 사는 것을 보고는 "우리 엄마는 사달라는 거 다 안 사준다."라는 말을 크게 한 적이 있다. '그래도 소소한 거는 가끔 사주는데'라고 속으로 생각하긴 했지만, 틀린 말도 아니었다. 친구들이 문방구에 들러 장난감을 살 때면 부러움의 눈길로 바라볼 때도 있을 것이다.

아이들이 좋아하는 걸 마음껏 해주고 싶은 마음도 있지만 무리하지 않는다. 내가 할 수 있는 건 부족한 것에 대해 미안해하기보다는 그 결핍을 다른 무엇으로 채워줄 것인지 고민하는 일이다. 아이들은 성장하면서도, 어른이 되어서도 모든 것을 충족하며 살아갈 수는 없다. 우리 어른들도 경험했듯이 경제적인 문제와 사람들과의 관계, 또 어디서든 크고 작은 결핍과 만나게 된다. 결핍은 극복의 대상이 아니라 동행해야 할 삶의 반려임을 아이들이 조금씩 배운다면 좋겠다. 자주 할 수 있는 게 아니고 쉽게 가질 수 있는 것이 아닐 때, 더 특별하고 소중한 법이라는 걸 아이는 부족한 가운데 배운다.

디지털 세상의
자발적 아웃사이더

첫째가 1학년, 둘째가 여섯 살 때 언니 가족과 식당에 갔다. 음식이 나오기를 기다리는 동안 가방에서 자연스럽게 종이와 연필, 색연필 몇 개를 꺼냈다.

"아직도 이런 거 들고 다녀? 대단하네."

언니의 말에 멋쩍게 웃었다. 아이들이 어릴 때부터 식당에 가거나 기차를 타는 등 한자리에 오래 앉아 있어야 할 경우 준비물을 늘 챙겨 다녔다. 갑자기 식당에 가느라 종이를 못 챙겨 간 날에는 가방에 있는 전단이나 종이 조각이라도 찾아 아이들과 그림을 그리면서 기다리곤 했다. 이제 아이들은 기차를 타고 3시간 정도 가더라도 책을 읽거나 무언가를 그리며 시간을 보내는 것에 익숙하다.

아이들이 어릴 때 영상이나 스마트폰에 노출되는 것을 최대한 자제하기 위해 노력했다. 자극적인 것에 일찍 익숙해지면 사소한 것에는 별 감흥을 느끼지 못할까 걱정되었기 때문이다. 매운 맛에 길들여지면 순한 맛은 심심하게 느껴지는 것처럼. 영상이라는 게 한 번 보면 또 보고 싶고, 보고 싶은 마음은 제어하기 어렵다. 어른인 나도 그런데 아이들은 더할 것이다. 재미있는 영상을 일찍 접하면 웬만한 자극이 아니고는 좀 시시하게 느끼지 않을지 걱정도 되었다. 아주 사소하더라도 아이가 더 흥미롭고 재미나게 받아들이면 좋겠다는 바람에 미디어 이용 시기를 늦추려 노력했다. 대신 뭔가 다른 것들에 관심을 두는 시간이 많아지기를 바랐다. 가상 세계가 아닌 현실의 세상에서 몸을 움직이며 뛰어놀았으면 싶었다.

첫째가 두 살 때 할머니 집에서 텔레비전으로 뽀로로 만화를 몇 번 봤는데 그 후로 집에서 매일 전쟁을 치렀다.

"딱 10분만 보고 끄는 거야."

"이거 두 편만 보고 뽀로로 안녕~ 하는 거야."

이런 말 따위는 아이에게 통하지 않았다. 아직 사리분별 못 하고 타협이란 없는 두 살 아이였기에 어쩔 수 없이 강제로 텔레비전을 끄는 순간 대성통곡을 했다. 포기하지 않고, 리모컨을 나한테 주면서 자꾸만 우는 아이를 보며 같이 화가 난 적도 많았다. 그렇게 하루하루 전쟁을 치러야 했는데 여기서 물러서면 앞으로 더 통제하기 힘들 것 같았다. 매일 지쳐가다 결국 남편에게 제안했다.

"우리 텔레비전 없애면 어떨까?"

동생과 자취하던 시절, 텔레비전이 없는 원룸에서 생활했고 나쁘지 않았다. 텔레비전이 없다 보니 라디오를 많이 듣게 되었고, 책도 더 많이 읽었던 시절이었다.

결혼하면서 큰 텔레비전으로 영화 보는 게 로망이었던 남편을 위해 40인치 텔레비전을 샀는데. 남편도 아쉬운 마음이 컸겠지만 아이가 울고 떼쓰는 시간이 많아지자 고민 끝에 내 제안을 받아들였다. 대신 빔프로젝터를 사서 가끔 영화 보고 싶을 때 이용하기로 했다. 몇 년 만에 고가의 혼수품과 그렇게 이별하게 되었다.

집에서는 영상 노출을 차단할 수 있었지만 외출해서 밥 먹을 때가 문제였다. 특히 만 3세까지는 집중 시간이 아주 짧기에 고비가 늘 찾아왔다. 스티커 책이나 장난감 등을 가져가도 한창 탐험하고 싶고 호기심이 왕성한 아이는 금방 흥미를 잃었다. 재미있는 것도 없는데 가만히 앉아 있는 건 아이에게도 고역이었으리라. 외식을 줄이긴 했지만 바깥에서 식사를 해야 하는 경우도 있어서 그런 상황을 대비한 계획을 세웠다. 남편과 아이가 근처에서 돌아다니거나 구경하며 노는 사이, 혼자 식당에 가서 주문하고 음식이 나올 때까지 기다렸다. 식사 준비가 다 되면 남편에게 전화를 걸었다. 남편이 아이를 데리고 와서 기다리는 시간 없이 바로 식사를 시작하면 영상을 보여주지 않아도 조금은 여유롭게 셋이 밥을 먹을 수 있었다.

그리고 첫째 어릴 때는 주로 집에서 모임을 했다. 친구들, 엄마들을 집으로 초대하거나 다른 집에서 모였다. 사람이 많은 곳이나 카페처럼 조용한 곳에서는 아이를 통제하기 위해 미디어의 힘을 빌려야 하기 때문이다.

대신 가끔 주말에 남편에게 아이를 맡기고 혼자 카페도 가고, 분위기 좋은 곳에 가서 사람들을 만나 밥도 먹고 했다. 아이들이 5, 6세가 되니 외식하거나 무언가를 기다리는 일이 훨씬 수월해졌다. 그림을 그리거나 색칠하면서 시간을 보낼 줄 알게 되었고, 이제는 좀 더 여유롭게 식당에서 밥 먹는 것이 가능해졌다. 스마트폰에 의지하지 않고도.

"아이가 순해서 그런 거 아니에요?"

아이는 문화센터를 딱 두 번 가고 그만뒀을 만큼 호기심도 많고 활발했으니 그런 것 같지는 않다.

"뭘 그렇게까지 해요? 너무 미디어를 통제하는 것도 안 좋을 텐데. 그러다가 나중에 더 빠지면 어쩌려고요.”

걱정하는 사람들도 많았다. 사실 영상을 보여주는 것이 힘든 육아에 쉴 틈을 주는 단비 같은 역할을 하기도 한다. 아이들이 시간을 잘 지키며 볼 수 있게 한다면 오히려 규칙과 제한을 가르쳐줄 수 있는 방법이 될 것이다. 하지만 아이와 실랑이하는 게 피곤하기도 했고, 나중에 보여주기 시작해도 충분히 통제하는 방법이 있을 것이라 믿었다.

유아기 미디어 노출과 인지 기능 발달에 관한 연구 자료는 이미 많이 알려져 있다. 미국 신시내티 아동병원 연구팀이 2019년에 만 3~5세 아이들을 대상으로 연구한 결과 스크린 노출 시간이 많은 아이는 뇌 조직 중 백질의 발달 속도가 느렸다고 발표했다. 백질은 언어 능력, 정신 조절, 자기 조절 기능을 담당하는 물질이다. 특히 만 3세 이전에는 뇌 성장이 폭발적으로 이뤄지는 시기라고 전문가들은 강조한다. 즉, 미디어에 노출하는 것을 최대한 늦춘다면 아이의 뇌 발달에도 도움이 될 수 있다는 뜻이다.

건강한 뇌를 가지고 있다는 것은 분명 강점이다. 학교에서 배우는 것들을 적절한 속도로 받아들이는 데도 중요한 무기가 되리라. 유아기 영상 노출에 대한 적극적인 대처는 교육비를 아끼는 키워드가 될지도 모른다. 사교육을 시켜

줄 여력은 부족하고 엄마표 공부의 열정이나 재능이 부족한 나에게는 솔깃한 일이다.

물론 아이들은 할머니 집에 갈 때나 텔레비전이 있는 숙소에 머물 때 영상에 푹 빠지기도 했다. 엄청난 자극이기에 당연한지도 모른다. 다시 집으로 와서 일상에 익숙해지면 영상을 찾는 일이 줄었다. 아이들이 초등학생이 된 뒤에는 주말에 시간을 정해서 보고 싶어 하는 것을 보여주는 것으로 아이의 욕구를 해소하고 있다.

디지털 세상과 거리를 두어도 아이들은 자기만의 놀이를 만들며 시간을 보낸다. 둘째는 병원에 갔다 온 날은 병원 놀이와 약국 놀이를 하고 선생님 놀이, 그림책 놀이도 한다. 첫째는 곤충, 고래, 거북선 등 관심 있는 것이 생기면 몰입했다. 혼자 집에서 빈둥거리다가 자연스럽게 책을 꺼내 읽기도 하며 책과 가까워졌다. 스마트폰이나 영상이 없는 일상에서 책 읽기는 아이들에게 분명 커다란 즐거움이었다.

아이의 미디어 시청을 언제까지 내 뜻대로 통제할 수 있을지는 잘 모르겠지만 그때까지 그것들을 대체할 수 있는 재미있는 것들을 계속 함께할 것이다. 오늘도 아이들과 저녁에 밖에 나가 캐치볼을 하고 농구하며 땀을 흘린 뒤

집에 들어왔다. 종이함을 정리하다 시를 썼던 종이를 발견한 아이들이 갑자기 시를 쓰겠다며 거실 바닥에 엎드렸다. 시를 적고 깔깔거리며 읽는 5학년 아이는 여전히 소소한 즐거움을 알아차린다. 스마트폰을 조금만 더 늦게 사주고 싶다는 생각이 드는 순간이다.

처음 본 아이가
스케이트보드를 가르쳐준다고?

날씨 좋은 주말, 집 근처 공원에서 동네 언니를 만났다. 공원 인라인스케이트장에서 아이가 강습을 받기로 했다고 해서 둘째 인라인스케이트 장비를 챙겨 같이 나갔다. 곳곳에서 강습이 이뤄지고 있었고 다양한 수준의 아이들이 스케이트를 배우는 데 한창이었다. 둘째도 오랜만에 장비를 착용하고 조심스럽게 스케이트장으로 들어갔다. 작년에 처음 인라인스케이트를 타기 시작한 아이의 자세는 엉성하다. 첫째와 둘째 모두 전문 강사 대신 동네 스케이트장에서, 아파트 공터에서 인라인을 배웠다. 첫째는 남편에게 배우고(사실 남편도 소싯적에 혼자 잠깐 탔던 경험이 전부다) 둘째는 오빠에게 배우고. 트랙을 곧잘 돌긴 하지만 옆에서 전문 수업을 받은 아이들과 비교해 보면 확실히 뭔가 부족했다.

"역시 돈을 들여서 배워야 빨리 제대로 배우나 봐."

숙련된 강사에게 배운다면 체계적으로 익힐 수 있으니 이왕이면 비용을 지급하고 제대로 배우는 게 효율적일지도 모르겠다. 하지만 역시 문제는 '돈'이다. 모든 걸 돈을 내고 배우기란 쉽지 않다. 둘째가 인라인스케이트를 타는 동안 첫째는 옆에 있는 스케이트보드 공원에서 열심히 보드를 타고 있었다.

아이는 우연히 벼룩시장에서 스케이트보드 하나를 산 뒤 푹 빠져들었다. 매일 집 근처 널찍한 공원에서 연습했는데 제대로 된 강습을 받아보면 좋을 것 같아 강습을 신청했다. 1시간 강습 받고 2시간 혼자 연습하는 비용이 8만 원. 아이는 신나게 배웠고, 연습까지 꽉 채워 3시간을 꼬박 하고 돌아왔다. 자주 강습을 받으면 좋겠지만 멀기도 하고 부담스럽기도 해서 한 번 받고 말았다. 대신 집 근처 스케이트보드 공원에 주말마다 갔고, 아이가 타는 것을 지켜보았다. 비슷한 또래의 친구들도 보였는데 아주 잘 타는 친구도 있고 실력이 천차만별이다. 쑥스러워하던 아이에게 먼저 다가와 인사하는 친구들, 동생들도 있었고 잘 타는 아이가 기술을 가르쳐주기도 했다.

어느 날은 남편이 보드를 가르쳐주는 친구들에게 음료

수를 사주며 보답했다. "저 친구도 4학년인데 두 달 탔대. 잘 타는 형한테 여기서 많이 배웠다고 하는데 꽤 잘 타네." 이곳에서 만난 동갑내기 친구는 첫째가 계속 기술에 실패하자 천천히 가르쳐주기도 하고, 아이가 성공하면 같이 기뻐하기도 했다.

"저번에 강사님한테 1시간 배운 것보다 다른 사람 타는 것도 보고, 친구들한테도 배우고 했던 오늘 실력이 더 많이 좋아진 것 같아."

남편의 말에 나도 고개를 끄덕였다. 스케이트 공원에 앉아 가만히 지켜보다 보면 고등학생 형도 오고 초등학생, 20대 청년, 아이를 둔 아빠도 보드 연습하러 모인다. 나이 차와 상관없이 잘하는 사람이 가르쳐주기도 하고 같이 연습하기도 한다. 전문 강사에게 배우는 것보다는 좀 느릴지라도 비슷한 취미를 가진 사람들로부터 도움을 주고받는 과정이 인상 깊었다. 강습 대신 잘 모르는 이들에게 배우면 새로운 사람들과 관계 맺는 법도 알게 된다. 그 경험을 통해 아이는 언젠가 가르쳐주는 쪽이 되어 누군가에게 도움을 줄지도 모르겠다. 처음엔 자기는 다른 사람보다 잘 못 탄다며 부끄러워했던 아이는 다른 사람의 도움을 받으며 부끄러움을 이겨나갔다.

어느 날은 둘째가 학교 앞에서 나눠주더라며 전단을 받아 왔는데 어린이 수영장 홍보물이었다.

셔틀버스 운행, 탈의부터 머리 말리는 것까지 올 케어. 사계절 내내 따뜻한 수온 유지로 감기 걱정 No. 소수 정예 전문 강사, 피부에도 좋은 친환경 해수풀, 레벨에 따른 색깔 모자로 성취감 및 동기 유발.

전단에는 혹하게 만드는 문구가 가득했다. 아이들이 시에서 운영하는 체육센터 수영장을 다니고 있는데 둘째가 가끔 춥다고 이야기하곤 했었다. 아무래도 한 수업에 20명 정도라 물 밖에서 기다리는 시간이 많아서 그렇겠다는 생각이 들던 참이었다. 추운 날씨가 아닐 때도 그랬으니, 겨울이 오면 추워서 어쩌나 싶던 참이었다. 그런 와중에 사계절 내내 따뜻한 물에서 수영할 수 있다니 솔깃했다. 감기 걱정 없이 수영을 보낼 수 있겠지? 둘째 친구는 소수 인원으로 하는 어린이 수영장을 다니면서 진도도 금방 나갔다고 하는데, 지금 다니는 곳은 아이들이 많아서 그런지 진도 나가는 것도 더딘 것 같았다.

그 전단을 보고 나니 수영장 셔틀버스는 왜 그리도 자

주 보이는지. 지금은 일주일에 두 번 아이를 수영장까지 데려다주고 데리고 와야 해서 셔틀에도 눈길이 갔다. 그런데 비용을 알아보니 주 1회 한 달 강습비가 16만 원이다. 지금 다니는 곳은 다자녀 할인까지 받아서 훨씬 저렴한데. 빨리 진도 안 나가면 어때, 언젠가는 자유형도 하고 배영도 하겠지(일 년을 다닌 지금 아이들은 평형, 접영까지 잘 배웠다. 느리더라도 천천히 재미있게 하면 되는 거였다). 아이들 수영 등록을 하느라 새벽에 일어났지만 실패하고 다시 등록일 새벽에 일어나 열심히 수강 신청했던 기억도 떠올랐다. 사설 수영장 못 다니는 아쉬움이나 부러움 대신 이렇게 혜택 받으며 다닐 수 있는 걸 감사하는 쪽이 훨씬 나을 것이다.

머리 말리는 것부터 준비물을 모두 스스로 챙겨야 하는 수영장에서 아이가 배우는 것도 있다. 가끔 수영 모자나 수경을 놓고 와서 귀찮아도 다시 가서 챙겨 와야 할 때, 아이는 자기 물건을 제대로 챙겨야 한다는 걸 배운다. 저번에는 회원 카드를 깜빡하고 들고 가지 않아 혼자 안내대에 가서 물어보고 해결했다고 한다. 추운 날에는 머리를 제대로 말려야 감기 걸리지 않는다는 것도.

앞으로도 아이들은 완벽하지 않은 환경에서 자기 나름

의 방식으로 시도하고 습득해야 할 때가 많을 것이다. 그 과정을 안쓰럽거나 미안하게 바라보기보다는 아이가 스스로 배우는 연습을 하는 거라고 기특하게 바라보며 응원하는 엄마이기를 바란다.

엄마, 이거
벼룩시장에서 살까요?

주말을 앞두고 분주하다. 이사 와서 아이들과 벼룩시장에 판매자로 꼭 참여해 보고 싶었는데 드디어 기회가 생긴 것이다. 사실 아이들과 한 번씩 작아진 옷을 함께 정리하면서 지인에게 나누기도 하고, 안 쓰는 장난감도 그때그때 나누거나 중고로 판매했기 때문에 챙겨 갈 물건이 많지는 않았다.

"벼룩시장 가서 안 쓰는 물건 팔까?" 했더니 아이들이 집을 둘러보고 이것저것 찾았다. 그리고 가격표를 붙이기 시작했다. "엄마, 이거 이제 필요 없을 것 같아." 둘째가 한참 〈겨울왕국〉에 빠져 있던 다섯 살 때 선물해주었던 인형이었다. 그렇게 모아보니 돗자리를 채울 정도는 되었다. 몇 년 아이가 잘 가지고 놀았던 인형은 판매를 개시하자마자 가장 먼저 팔렸다.

집에 있는 물건도 정리하고, 소소하게 돈도 벌 수 있겠다는 희망과는 달리 판매 실적은 저조했다. 가져간 물건의 절반도 팔리지 않았고, 앉아 있었던 시간에 비해 우리 손에 쥐어진 돈은 아주 적었다. 그럼에도 물건을 버리지 않고 필요한 누군가에게 전해주었다고 여기니 기운 빠질 일은 아니었다. 그리고 이렇게 물건을 정리하고 되팔다 보면 느끼는 게 많다.

"엄마, 물건을 팔기는 어려운데 사는 건 쉬워."

"그렇지? 팔기는 참 어렵고 돈 버는 것도 어려운데 사는 건 참 쉬워. 그러니까 꼭 필요한 거 사야 나중에 쓸모없는 물건이 안 되겠지?"

그리고 다른 벼룩시장에도 판매자로 한 번 더 참여했다. 사실 아이들은 벼룩시장에서 물건을 판매하는 즐거움보다는 아직 다른 물품들을 구경하고 하나씩 사는 재미가 더 크다. 그래서 집에서 가져간 물품을 정리하고 의자에 앉아 있다가 "엄마, 잠깐만 구경하고 올게요." 하고 자리를 비울 때가 더 많다. 하지만 아이들과 판매할 물건을 집에서 찾다 보면 깨닫는 것들이 있어 앞으로도 종종 벼룩시장에 아이들과 참여해 보려 한다.

부모님의 검소한 습관을 세 자매 중에 가장 먼저 습득

한 언니는 우리가 어릴 때 끄적이고 그림 그렸던 종이를 버리기 전 검사를 했었다.

"여기 공간이 있네. 좀 더 써."

"이 정도면 완벽하게 다 쓴 것 같다. 버려도 되겠어."

늘 절약이 몸에 밴 가족들 틈에서 나도 '아껴 쓰는 사람'이 되어 있었다. 늘어난 옷은 집에서 입는 옷으로 활용하고 소매와 목 부분이 좀 해져도 어느 정도 입고 버린다. 아이들 어릴 때는 중고 책방에서 유아 전집을 구매했고, 장난감 도서관을 이용하거나 중고 장터에서 필요한 물품을 찾았다. 이런 행동들이 궁색하다고 느껴지지 않았던 이유는 물건을 절약하는 것이 쓰레기를 훨씬 덜 버리고, 환경을 지키는 방향이라고 믿었기 때문이다. '자원의 재순환'은 아이들에게도 중요한 가치이다.

얼마 전 야구에 관심을 두기 시작한 아이는 동네에서 열리는 벼룩시장을 손꼽아 기다렸다. 글러브를 사고 싶다는 이유였다. 예전에 새것을 하나 사줬었는데 잘 사용하다가 어느 날 공원에 놔두고 온 뒤 찾지 못했다. 자기 실수로 잃어버린 것이니 다시 사달라는 말은 못 하겠고, 그래도 벼룩시장에서 사면 저렴하게 살 수 있을 거라 생각했나 보다.

벼룩시장이 열린 날, 눈을 크게 뜨고 글러브를 찾아다니던 아이는 몇 개를 발견하고 가격을 물어보고, 저렴한 비용에 구매했다. 그리고 소중하게 오랫동안 잘 사용했다.

아이들이 크면서 어떻게 경제 교육을 해줘야 할지 고민하게 된다. 요즘은 투자, 재테크 등이 강조되다 보니 아이들 경제 교육 키워드에도 이 단어가 자주 등장한다. 금융의 흐름, 투자에 관한 올바른 가치관을 알려주는 일도 분명 중요하다. 하지만 그 바탕에는 성실함과 절제, 똑똑한 소비가 있어야 한다. 자라면서 꼭 배우고 익혀야 하는 습관이다.

부모님께서는 먹고살기에 바빠서 딸 셋에게 따로 경제 교육 같은 건 해주시지 못했다. 하지만 우리는 옆에서 검소하고 성실하게 사는 모습을 지켜보았다. 70세가 넘은 부모님은 노후 준비를 잘 해놓으셨음에도 여전히 경제 활동을 한다. 어머니는 퇴근 후에도 거의 매일 헬스장에 가셔서 1시간 30분 정도 운동하시고, 아버지는 틈틈이 텃밭을 관리하며 매일 2만 보 정도 걷는다. 부모님 댁에 걸려 있는 '몸을 귀찮게 하라'는 가훈에는 몸과 마음을 건강하게 관리하는 중요함이 담겨 있다. 가장 훌륭한 노후 준비는 꾸준히 경제 활동을 하는 것이고, 그것을 위해서는 성실함과 건강한 신체가 꼭 필요하다는 것을 부모님에게서 배운다. 아이들에게도 내가 좋은 본보기가 될 수 있다면 좋겠다.

물건을 사기 전, 정말 필요한 것인가를 따져보는 것. 다른 사람들이 가졌다고 해서 나도 꼭 가져야 하는 것인지 한 번 더 생각해 보는 것. 나의 능력 안에서 가치 있는 소비를 하고 있는지 헤아려보는 기회가 아이들에게 자주 주어지기를 바란다. 아이들과 이것에 관해 같이 이야기하는 엄마가 되고 싶다.

나와 네가 생각하는
적절함의 기준

적절하게라는 말보다 어려운 말이 있을까. 모자라지도, 과하지도 않는 적절함. 특히 육아할 때 '적절'이라는 말이 혼란스러울 때가 많다. 어느 정도 해야 적절한 것인지, 내가 하는 방법이 과한 것인지 아닌지 정답이 없으니 막막하기도 하다. 내가 생각하는 적절한 결핍이나 좌절이 아이에게 소외감을 일으키는 건 아닐지 걱정될 때도 있다. 참 어렵다.

가끔 글을 쓰면서도 '풍족하게 키우지 못하지만, 아이들은 잘 크고 있다고 자기 최면을 걸고 있는 건가' '이 상황을 합리화하고 있는 것인가' 돌아보게 된다. 가끔 이런 생각이 든다. 혹시 내가 돈이 많고, 시간이 많았다면 아이 입시에 좀 더 매달리며 살아갔을까. 남들이 다 보내는 학원을 보내고 남들이 한다는 것을 다 시켜주며 전폭적으로 지원을 해주었을까. 그럴 여유가 없어서 차라리 경쟁 교육을 외면하고 사는 것인지, 아니면 소신 있게 정말 내가 원해서 안 하는 것인지 말이다.

내가 처한 환경이 내 육아 가치관에 영향을 준 것도 맞고, 내 능력이 안 돼서 못 해주는 것도 틀린 말은 아니다. 어느 한 가지로만 설명할 수 없는 것이 인생에서의 태도이고 선택일 것이다. 다만 내가 왜 이런 생각을 하고, 이런 방향으로 가려고 하는지 고민하는 것 자체가 중요하다. 내가 물려받은 환경이나 사회의 책임으로만 돌리며 나는 어쩔 수 없이 이런 선택을 한 것뿐이라고 한다면 단단함을 갖기 어렵다. 누군가의 말이나 시선에 금방 무너질 수 있기 때문이다.

한 번은 내가 할 수 있는 것 안에서 가장 좋은 것을 주면 아이들이 잘 자랄 것이라 믿는다는 글에 누군가 이런 댓글을 달았다. 아이들 생각도 같으냐고, 나중에 아이들이 커서 상처로 남았다고 한다면 뭐라 하겠냐고. 차라리 돈을 더 열심히 벌어 아이들에게 많이 해줄 방법을 찾는 게 낫지 않겠냐는 충고였다. 댓글을 보고 마음이 휘청거리지 않았다면 거짓말이다. 정말 그러려나. 문득 예전에 『세이노의 가르침』에서 읽었던 구절이 떠올랐다.

당신이 혼자 산다면 무소유의 삶을 살아도 괜찮지만 가족이 있다면 그런 식의 행복 추구는 이기적이라고. 하고 싶은 것이 너무 많은 사람이 있다면 어떻게 하겠냐고. 우리의 생활이 철학적 사고와 지고의 선으로만 가능한 것은 아니라는 내용이다.

"혼자 살면 아등바등 돈 안 벌지, 아이들을 생각하니까 한 푼이라도 더 벌려고 하는 거야."라고 했던 친구의 말도 생각이 난다. 그렇다. 사람마다 관점이 다르고 내 글에 댓글을 달았던 그 사람의 충고도 경험에서 나온 것일 수도 있다.

나는 원래부터 작은 것에도 만족하는 사람이었나 생각하면 그건 또 아니었다. 입시 경쟁이 심해지고 아이들의 다양한 재능이 성적과 입시 과정에서 묻히는 것 같을 땐 답답해서 "아 내가 돈만 많았으면 애들 데리고 다른 나라 갔다!"라고 외치기도 한다. 자본주의 사회에서 경제력이 다양한 기회와 선택권을 확장해 준다는 사실을 어떻게 부인할 수 있을까.

원래 나는 부러움도 많고 승부욕도 많은데 좀 더 행복하게 아이를 키우고 싶어 요리조리 생각의 틀과 태도를 다듬어온 것 같다. 원망 대신 희망을 찾는 마음으로 무엇이 중요한가를 고민했다.

그래서 풍족하게 해주지 못하는 부모에게 쓴소리하는 사람들을 보면 마음이 안타깝고 화도 난다. 슬프고 무기력해질 때도 있다. 내가 할 수 있는 게 뭘까 하고. 나는 다 해줄 수 없고, 아이에게 미안하고 도돌이표가 되는 것이다. 비난은 쉽지만, 책임지는 것은 어렵다. 쉽게 비난하는 사람들이 내 인생을 책임져 줄 것도 아니니 그냥 흘려들어야지 어쩌겠는가.

아이들에게 내가 옳다고 생각하는 방향으로 최선을 다했음에도 불구하고, 나중에 아이들이 컸을 때는 불만의 소리를 들을 수도 있다.

"엄마, 내가 그때 말은 안 했지만, 스마트폰 있는 친구들이 너무 부러웠어요."

"사실은 나도 다른 친구들처럼 좋은 숙소에서 자고 여행도 많이 하고 싶었어요."

그래서 육아하며 내가 틀린 부분이 있을 수 있고, 내가 아이들 마음을 완전히 헤아리지 못할 수도 있다고 인정하며 산다. 아이들이 나중에 서운함을 이야기한다 해도, "네가 어떻게 그럴 수 있니."라고 말하지 않게. "엄마도 그 부분은 걱정이 됐었는데 네가 그랬구나." 하고 공감해 주는 것이 조금이라도 위로가 될 것이라 믿으면서.

아이에게 좋은 것을 먹이고 좋은 것 입히고 사교육도 많이 시켜주고 그러려고 열심히 일하는 사람들도 많다. 그게 그 사람들의 중요한 가치라면 그것이 그들에게는 적절함이 될 것이다. 아이들에게 해주는 적당함의 기준은 사람마다 다르다. 또 결핍이 있어도 잘 자라는 아이가 있을 것이고, 결핍이 성장에 방해가 되고 상처가 되는 경우도 있을 것이다.

나는 이 정도의 결핍이 적절하다고 생각했는데 아이는 또 다르게 생각할 수도 있다. 하지만 다 같이 만족하는 기준을 어떻게 찾을 수 있을까. 적당한 결핍이라 여겼는데 아이가 소외감을 느낄 때가 온다면 그것을 어떻게 극복할 수 있게 도와줄지 고민하려 한다.

적절한 결핍과 함께 적절한 불편함, 좌절도 늘 고민이다. 친구 관계를 비롯해 좀 힘든 상황도 아이들이 겪고 견딜 수 있게 해주려 했는데, 어떨 때는 너무 아이들 편한 쪽으로 해준 게 많지 않았나 후회도 한다.

첫째가 어릴 때 티셔츠에 상표 붙어 있는 부분을 아주 불편해했다. 까끌까끌한 느낌이 거슬렸나 보다. 그래서 옷을 사면 매번 상표를 미리 잘라줬었다. 얼마 전 아이와 처음으로 해외여행을 갔는데 전통 시장을 걷다가 아이가 막 짜증을 냈다. 안 그래도 더운 날씨에 걸어 다니는 게 힘들었던 아이는 티셔츠 안에 붙은 상표가 너무 싫다며 불평했다. 급히 옆에 있는 가게로 들어가 "Excuse me, Do you have scissors?" 하고 물었는데 할머니께서 고개를 갸웃하셨다. 아이 티셔츠를 뒤집어 손가락으로 자르는 시늉을 했더니 알겠다는 표정을 하고는 가위를 빌려주셨다. 싹둑 상표를 잘라주었는데 나중에 돌아보니 "조금만 참아."라고 말해도 됐을 텐데 하는 생각이 들었다. 상표 때문에 아픈 것도 아니었고, 초등학생 5학년 아이가 견딜 수 있는 수준의 불편함이었던 것 같아 두고두고 생각이 났다. 아니면 "이제 그런 건 너 스스로 해결해야 할 나이야."라고 알려줘야 했나.

앞으로 친구 관계에서도 크고 작은 갈등이 생길 텐데 어느 선부터 아이에게 맡겨야 하는 것인지도 고민된다. 아이들이 클수록 이런 부분이 어렵게 느껴진다.

아이들은 앞으로도 여러 가지 불편과 좌절을 겪게 될 것이다. 늘 부모님이 해주던 것을 이제 스스로 챙기고 책임져야 할 때도 오고, 속상하고 상처받는 일도 생길 것이다. 내가 그런 힘든 상황을 차단하려 해도, 아이가 편한 환경을 만들어주려고 노력해도 언제까지나 옆에 따라다니며 해결해 줄 수는 없다.

중요한 것은 이제 아이가 점점 능동적인 존재로 자라야 한다는 것이다. 자기 자신이나 환경에 대해 스스로 조절할 줄 알아야 하고 통제할 힘도 길러야 한다. 아이들이 어려운 상황을 지나오면서 "이제 이런 건 좀 견딜 만하네?"라고 조금씩 담대하게 받아들일 수 있게 도와줄 방법을 궁리한다. 내가 아이들을 키우며 주어진 환경을 통제하고 조절하기 위해 애썼던 것처럼, 아이도 이런 힘을 조금씩 키울 수 있다고 믿는다.

엄마라서
오늘도 흔들립니다

내가 퇴사하지
않았더라면

요즘 황금연휴가 별로 반갑지 않다. 긴 연휴 덕분에 해외여행 가는 지인도 많고, 여행을 계획하는 사람들도 많지만 뭐 하고 보낼지 고민하는 사람들도 많을 것이다. 나도 그렇다. 아이들이 고학년이 되니까 어디 놀러 가더라도, 뭘 하려고 해도 비용이 만만치 않다. 해외여행에 관심이 없던 아이들도 친구들이 여기저기 다른 나라로 여행을 많이 가는 걸 보더니 한번은 이렇게 물었다.

"엄마 왜 우리는 해외여행 안 가요?"

"해외 말고 우리나라에도 좋은 데 많은데? 캠핑도 가고 할머니 집도 가고 그게 다 여행이지~."

"그것도 좋은데, 나도 비행기 타고 기내식 먹어보고 싶은데."

"너희는 어디 가고 싶은 데 있어?"

"엄마, 저는 말레이시아! 거기서만 볼 수 있는 사슴벌레, 장수풍뎅이가 엄청 많대요."

"그래?"

"인도네시아에는 코카서스 장수풍뎅이가 산대요."

둘째는 친구들에게 들은 이야기를 열심히 전달한다.

"엄마, 친구가 바닷속에 들어갔는데 거북이도 보고 엄청 신기한 물고기도 많이 봤대요. 좋겠다."

"정말? 말레이시아나 인도네시아 모두 바다가 있어서 그런 거 할 수 있을걸?"

"진짜요? 그럼 나도 오빠 가고 싶은 데로 갈래!"

해외여행 하면 항공권 가격부터 꽤 부담스럽다. 거기서부터 소위 말하는 현타(현실 자각 타임의 줄임말. 현실의 냉혹함이나 불쾌한 진실을 깨닫고 느끼는 감정)가 오는 것이다. 이럴 때 내가 경제적인 여유가 좀 있었다면, 퇴사하지 않고 회사를 계속 다녔더라면 어땠을까 하는 생각을 종종 한다. 한두 달 월급으로 비행기 티켓 사는 셈 치자며 항공권 예매 버튼을 과감하게 눌렀을지 모른다. 경제적인 부담이 덜하다면 연휴 때 여기저기 놀러도 다니고 할 텐데. 아이들이 어릴 땐 느끼지 못했는데 고학년이 되니 외벌이가 아쉬울 때가 있다.

둘째에게서 친한 친구 이야기를 듣다 보면 어떤 친구는 주말마다 워터파크, 놀이공원 등 여기저기 놀러 다닌단다. ‘나도 같이 돈을 벌면 부담 없이 쓸 수 있으려나.’ 머릿속이 복잡해지고 아쉬움과 미련이 맴돈다. 며칠 전에는 문득 운전하다가 ‘지금 이렇게 아껴서 뭐 해. 나중에 애들 커서 후회하지 않을까. 그냥 좀 무리할까?’ 하는 생각도 들었다. 아, 이렇게 열심히 소비하라고, 아이들에게 아낌없이 해주라고 부추기는 분위기구나.

몇 년 전 아이들과 제주도 여행을 간 적이 있다. 아이들이 어릴 때 남편 출장차 두어 번 갔었으니 5년 만에 떠나는 제주 여행이었다. 어쩌다 책에서 제주도에 대한 글을 몇 번 본 첫째가 제주도 노래를 불렀고 오래간만에 가보자고 마음먹었다.

금요일이나 주말에 비행기를 타면 요금이 훌쩍 뛰어올랐다. 비용 부담을 줄이려고 평일 짧은 여행을 선택했다. 화요일 오후에 출발해 목요일 밤에 돌아오는 2박 3일 일정으로. 여행 갈 때 ‘이왕이면’ 하고 이것저것 보태다 보면 비용이 많이 늘어나기에 제주도 여행 자체에 의의를 두기로 했다.

비행기를 타고 제주도를 밟는 것만으로도 아이들은 좋

아할 것 같아서 거창하게 계획을 세우지 않았다. 아이들이 제주도에서 꼭 먹고 싶어 했던 흑돼지 삼겹살과 녹차 아이스크림 먹어보기, 귤 따기, 오름에 올라가거나 제주도 자연을 체험하기. 이 세 가지만 하고 오면 충분하다는 생각이 들었다. 아이들은 체험 학습을 쓰고, 남편은 휴가를 냈다. 첫날은 오후 늦게 도착해 짐을 찾고, 렌터카를 빌리고 하다 보니 제주도에서 온전히 즐길 수 있는 날은 이틀이었다.

이틀 동안 천천히 제주도를 느꼈다. 감귤도 따고 맛있게 삼겹살도 먹고, 산굼부리에 올라 제주의 자연을 느끼면서 무료 해설을 듣고, 산책도 했다. 5년 전 갔던 숙소에서 "너희 어릴 때 저기서 저렇게 놀았다."라는 이야기도 하고 사진도 보여주니 아이들이 신기해한다. 그렇게 비용을 아끼고 짧은 일정으로 알차게 여행하고 왔다.

갔다 와서는 아이들과 제주도 여행 다녀온 이야기를 그림과 글로 쓸 수 있게 도와주고, 풀로 붙이고, 표지를 오려 만들어 책을 완성했다. 만든 책을 책장 위에 전시해 놓으니, 아이들이 가끔 생각날 때 보고 여행을 추억하곤 한다. 이왕 간 거 좀 더 긴 일정으로, 숙소도 맛있는 조식도 나오는 전망 좋은 호텔로, 이것저것 다양한 체험을 했어도 좋았겠지만 이런 여행도 괜찮다. 다녀와서 기분 좋게 추억할 거리가 있고, 재미있게 이야기 나눌 거리가 있다면 충분하다.

얼마 전 아이가 비행기에 한참 관심을 가졌다. 보잉과 에어버스는 그게 그거 아닌가 했는데 겉으로 봐도 차이점이 있단다. 매일 비행기를 그리고 박스로 비행기와 공항을 만들어 놀았고, 집에서 멀리 떨어져 있는 항공박물관에 몇 번이나 가서 전시실을 구석구석 살폈다. 나도 틈틈이 어디로 해외여행을 가면 좋을지, 항공권 가격은 어느 정도인지 알아보다가 남편과 상의 끝에 예약했다. 일 년 정도 아르바이트해서 모아놓은 비상금이 요긴하게 쓰였다.

직항 대신 경유편을 이용하고, 중저가 숙소를 열심히 알아봐서 예약했다. 아이들이 그토록 보고 싶어 했던 코카서스 장수풍뎅이도 만나고, 보통 여행 코스로 잘 가지 않는 반딧불 연구소도 알아내어 다녀왔다. 요즘은 어릴 때부터 외국으로 여행가는 경우도 많지만 이번에 다녀오며 느낀 건 언제 가는지가 뭐가 중요할까였다.

그동안 아이들과 소소한 일상을 누리는 시간도 좋아서 굳이 해외여행 갈 생각을 하지 않았다. 비용도 물론 이유라면 이유였겠지만. 남들이 다 가니까 하는 해외여행이 아니라 정말 하고 싶은 게 있고 보고 싶은 것이 있을 때 떠나도 충분하다고 생각했다. 아이들과 같이 가고 싶은 나라를 찾아보기도 하고, 그 나라에 관련된 책을 빌려 보기도 하고. 함께 여행을 계획하는 즐거움도 분명 있다. 아이들이 좀 크고 나니 아이 취향이나 관심사를 고려해 일정을 선택할 수 있다는 장점도 컸다. 비행기에 관심 있을 때라 공항에서 다양한 비행기를 보는 것 자체도 아이에게는 큰 기쁨이었다. 경제적으로 여유로워 아이들이 어릴 때부터 이곳저곳 돌아다닐 수 있는 것도 좋겠지만 그저 내 상황에서 할 수 있는 선택을 하면 된다. 내가 퇴사하지 않고 회사를 계속 다녔다면 좋은 점도 있었겠지만 아쉬운 점도 분명 있었을 것이기에.

저런 엄마가
우리 엄마면 좋겠다

요즘 오랜만에 챙겨 보는 드라마가 생겼다. 이혼 변호사의 진짜 이혼 이야기를 담고 있는 〈굿파트너〉이다. 드라마를 보다가 멈칫한 대사가 있다. 극 중 차은경 변호사가 남편과 양육권 분쟁을 하면서, 딸에게 마음으로 다가가는 장면이었다. 딸이 다니는 학원 친구들에게 간식을 보낸 엄마에게 나중에 딸이 이렇게 말한다.

"애들 완전 난리 났던데. 자기 엄마는 절대 안 사주는 고급스러운 빵이라고. 그 비싼 걸 어떻게 그렇게 많이 샀냐면서 너네 엄마 돈 잘 벌어? 그러더라. 우리 엄마 용퀴즈 나오는 사람이야. 그랬어."

그냥 넘어갈 수도 있는 대사일 텐데 경제적인 고민을 하던 터라 이 장면이 괜스레 마음에 걸렸다. 최근에 갑자기 내 충치 치료비를 비롯해 아이 치아 교정비 등 예상치 못한 목돈이 나가서 마음이 심란하던 차였다. 거의 남편 월급으로 집안 살림을 꾸려 가는지라 타격이 컸다. 하필 또 이런 상황에서 둘째가 "엄마도 일해서 밖에서 고기 많이 사 먹으면 좋겠다."라고 하는 게 아닌가. "엄마, 저기 집 앞에 솥뚜껑 삼겹살집 거기 자주 가고 싶은데." 하면서. 가끔 외식하긴 하지만 아이는 더 자주 가고 싶었나 보다.

물론 아이는 별 뜻 없이 던진 말일 수도 있지만 왠지 신경이 쓰였다. 해맑게 말하는 아이에게 "엄마도 집에서 일해(조금이지만). 그리고 엄마가 일하면 학교 갔다 와서 엄마 없을 텐데 괜찮아?" 하고 말하니 "내가 엄마 일하는 데 가면 되지!" 하고 둘째가 대답했다.

"엄마 일하는 데는 너 혼자 못 가. 그것도 몰라?" 옆에서 동생에게 뭐라 하는 첫째다. 그렇게 둘이 티격태격하는 사이 그냥 웃고 넘어갔다. 어쨌든 경제적인 고민으로 마음이 복잡할 때 드라마에서 이런 대사를 마주하니 더 마음에 남았나 보다.

너희 엄마 돈 잘 벌어? 우리 아이들이 그런 질문을 마주하는 순간이 올까. 그런 순간이 온다면 아이들은 뭐라 고 답할까. 차은경 변호사 같은 엄마가 우리 엄마면 좋겠 다고 생각하려나. 부모가 자녀의 뛰어난 성적이나 탁월한 재능에 어깨가 으쓱해지는 것처럼 아이도 다른 엄마가 해주는 것과 비교할 수도 있다. 꼭 드라마 속 장면이 아니더라도 아이가 "엄마, 친구들은 맨날 여행 간대요." "친구 엄마는 비싼 것도 잘 사주신대요."라고 했을 때 뭐라고 말해줘야 할지 머뭇거린 적이 있다. 물론 친구랑 공원이나 놀이터에서만 놀아도 아직은 까르르 좋아하는 때이니 지금은 아이들이 그런 것들을 크게 담아두지 않는 것 같지만 언젠가는 다른 친구와 비교하고 부러워할 수 있으니 현명한 대답을 궁리해 본다.

일하는 엄마들이 혹시 아이에게 소홀할까 봐, 많은 시간을 함께하지 못할까 봐 걱정하는 것처럼 일하지 않는 엄마들에게도 걱정이 따라다닌다. 경제적인 사정 때문에 아이가 원하는 만큼 해주지 못할까 하는 불안감이다. 물론 경제적으로 넉넉하다면 상관없겠지만 아이가 고학년이 되면 늘어나는 사교육비에 뭐라도 해야 하는 거 아닌가 하는 고민은 주변을 둘러봐도 흔하다.

아이들이 클수록 사교육비가 급격히 늘어나고, 꼭 교육비가 아니더라도 입히고 먹이는 비용이 훨씬 많아진다. 예전에 아이들 먹는 걸 보시며 친정 부모님이 "아이고, 돈 많이 벌어야겠네." 하셨는데 이제 그 말뜻을 알 것 같다. 옷,

가방, 신발 등 소비가 더 늘어나고 아이들 성장에 따라 안과, 치과 등에서 진료받는 경우도 많아진다. 어디 가서 시간을 보내더라도 유아 때보다 돈이 더 들어간다. 경제 활동을 하지 않던 양육자들도 청소년이 된 아이들을 보면 일을 해야 할 것 같다는 압박을 느낀다고 한다.

그래서일까. 정신없던 육아에서 슬쩍 비껴나 여유가 생기나 싶을 때 여성들은 "이제 애들도 좀 크고, 시간이 생겼는데 이렇게 집에 있어도 되나?" 하는 불안감과 마주한다. 육아하며 단절되었던 경력을 살리고 또 다른 직장, 직업을 찾는 사람들도 많아진다. 둘째를 임신하고 퇴사했을 때 "덜 버는 만큼 덜 쓰면 돼. 내가 생각하는 중요한 가치를 따라갈 거야." 했는데. 갑자기 큰돈이 들 때면 머리가 어질어질해진다. 앞으로 아이들이 크면서 돈 들어갈 일도 더 많을 텐데.

아이들이 어릴 때는 내가 집에서 아이들을 돌보고 살림하는 것 자체가 중요한 경제 활동이라 생각했다. 나의 자리를 채우기 위해 드는 비용을 생각한다면 나도 충분히 집안 살림에 보탬이 되고 있다며 안도할 수 있었다. 전업주부가 되고 정체성을 고민하는 시기에도 사람들과 책 모임을 하고 소통하면서, 또 책을 읽고 글을 쓰며 조금씩 성장하려 애썼다. 나에게 주어진 시간을 즐거움으로 채우고 그 에너지를 육아하는 데 쓸 수 있었다.

"그렇게 계속 일을 안 하면 나중에 자아실현은 어떻게 하려고?"하고 친구가 물었을 땐 주부라고 자아실현 못할 게 뭔가 하는 생각도 했다. 자신을 성찰하고 긍정함으로써 내 존재를 인정하고 마음을 관리하는 것도 자아실현이다. 하고 싶은 일이 무엇인지 고민하며 흥미와 열정을 쏟는 시간을 갖는 것도 자아실현의 방법이 될 수 있다.

그랬던 나도 경제활동을 하지 않는다는 이유로 조금씩 위축되고 있었다. 아이들에게 많은 것을 해주려 애쓰는 주변 분위기를 체감할 때마다, 요즘 애들은 돈으로 큰다는 말을 들을 때마다 흔들흔들, 중심을 잡기가 쉽지 않다.

이제 아이들 모두 초등학생이 되었으니 "시간 많겠다." "여유가 좀 생겼겠네."라는 말을 듣곤 한다. 예전에 비하면 내 시간이 좀 생겼지만, 아이들이 학교에서 돌아오는 오후 시간은 또 바쁘게 흘러간다. 여기저기 데려다주고, 가끔 병원도 다녀와야 하고 숙제도 봐주고 끼니와 간식도 챙겨줘야 하고. 그런 와중에 내가 경제적으로 할 수 있는 일이 뭐가 있을까 고민하고 찾아보고 시도해 보는 시간이 이어진다. 틈틈이 운동하며 몸을 관리하고 좋아하는 책을 읽고, 글을 쓰는 활동도 중요하다. 나를 버티게 하는 힘이자 정체성의 원동력이기 때문이다. 경제 활동을 찾는 시간과 나를 위해 쓰는 시간 사이에서 자주 줄다리기를 한다.

친한 언니가 어느 날 아이들이 크면서 다니고 싶어 하는 학원이 생기니 어쩔 수 없이 오전 근무라도 시작했다고 말했다. 지금은 하루에도 수십 번 엄마를 찾는 아이들이 지만 "엄마가 집에 있는 것보다 일하는 게 좋아요. 일해서 번 돈으로 내가 하고 싶은 걸 배울 수 있으면 좋겠어요." 라는 말을 언젠가 한다면 그땐 진짜 나의 정체성에도 위 기가 찾아오려나.

가끔은 이런 생각이 든다. 어쩌면 엄마는 어디에도 속하 지 못하고 경계에 머무는 사람이 아닐까. 회사와 가정 양 쪽에 발을 담그고 있는 사람, 아이와 나 사이에서 어떤 발 도 섣불리 빼지 못하고 걸쳐 있는 사람. 그럼에도 내가 머 무는 그 경계에서 나만의 방식으로 서 있는 법을 터득하 게 되는 게 엄마의 삶인가 싶다. 내 가치를 따라가는 최선 의 방법을 경험으로 배우는 중이다. 하지만 경제적인 능 력, 더 넓게는 아이를 키우는 과정에 대해 평가를 받는 기 분이 들면 내가 마음먹었던 그 가치에 자신이 없어지기도 한다.

〈유 퀴즈 온 더 블럭〉에 출연한 서은국 교수가 했던 말이 생각난다. 행복지수가 높은 북유럽 국가의 사람들이 가장 비호감으로 꼽는 사람은 '다른 사람의 삶을 평가하는 사람'이라고 한다. 평가를 받고 또 누군가를 평가하는 과정에서 자꾸만 교과서적인 그림에 자기를 맞추려 하기에 행복 지수가 낮아진다는 것이다. 나도 누군가의 평가와 시선을 자주 의식하고 있는 건 아닐까. 흔들리는 나를 잡으려면 타인의 평가 기준에서 벗어나도록 노력해야겠다. 다양한 삶의 형태를 이해하고 존중하려면 어떻게 해야 할까. 늘 고민해야 하는 문제다.

엄마의 자존감은
깃털과도 같아서

　결혼하기 전, 아니 아이를 낳기 전까지는 '자존감'이라는 이 세 글자를 거의 의식하지 않고 살았다. 그러다 아이를 낳고 보니 '엄마의 자존감' '아이의 자존감', 두 가지가 늘 따라다녔다. 아이의 자존감을 키워주는 방법부터 지키는 법까지 아이 자존감과 관련된 육아 책이 참 많다. 엄마의 낮아지는 자존감도 걱정의 대상인 듯 '엄마 자존감'으로 검색해도 책이 끝도 없이 이어진다.

　자존감은 자신을 존중하고 가치 있는 존재라고 인식하는 마음을 뜻한다. 자신을 얼마나 긍정적으로 보느냐가 자존감과 연결된다. 둘째를 임신하고 퇴사하며 내가 생각하는 중요한 가치를 기억하자고 했지만 이런 나를 언제나 긍정적으로 바라보기는 쉽지 않았다.

　아이들이 어릴 때 시가에 내려가 며칠 머물렀는데 아이

들이 어린이집에서 어떻게 생활하는지 동서, 시어머니와
얘기를 나눴다.

"요즘은 옛날보다 참 많이 편해졌지. 우리 때는 어린이
집이라는 게 어디 있었니. 지금은 애들 조금만 크면 어린
이집에서 봐주고, 기저귀도 일회용 잘 나오니까 천 기저귀
안 빨아도 되고. 건조기도 나와서 빨래도 말려주고, 전자
제품도 요새는 얼마나 잘 나오는지. 여자들은 참 편해졌
는데 대신 남자들은 돈 버느라 더 힘들어졌지."

시어머니는 악의 없이 하신 말씀이었지만 나는 어정쩡
한 표정으로 잠시 앉아 있다가 화제를 돌렸다. 방에 들어
가 자려고 눕는데 서운함이 몰려왔다. 일터에서 돈 버는
게 힘들어진 만큼, 예전보다 달라진 육아 환경이 요즘 엄
마들을 힘들게 한다는 걸 왜 말하지 못했을까 뒤늦게 후
회됐다. 아이들 키울 때 신경 써야 할 게 한두 개가 아니고
기계가 대신할 수 없는 사소한 집안일은 여전히 널려 있
다는 걸 얘기해야 했는데, 자꾸 마음에 남았다.

시가에서 돌아와 아이들 어린이집 방학이 끝나고, 예전
과 같은 일상이 시작되었다. 아이들 아침을 준비하고 챙
겨서 어린이집까지 데려다주고, 집으로 돌아오면 난장판
이 된 집이 나를 기다리고 있었다. 분명 어제 애들 재우고

거실, 부엌을 깨끗하게 치웠는데, 아침 잠깐의 시간 동안 거실은 정신없이 어지럽혀 있다. 이불을 개고 큰방을 닦고, 거실을 대충 정리하고, 설거지를 하고 부엌을 치운다. 매일 하는 일인 데다 아이들이 어린이집에서 하원하기 전, 내 시간을 최대한 확보하기 위해 후다닥 해치우는 게 꽤 능숙해졌다.

월요일은 텅 빈 냉장고를 채우는 날이다. 운동을 다녀오는 길에 집 앞 시장에 들러 이것저것 장을 봐서 배달을 시키고, 주말에 온라인 마트에서 미리 주문한 다른 식자재 등이 배달되어 온다. 냉장고와 다용도실에 식품들을 정리하고 몇 가지 반찬을 만들어놓고 나니 벌써 3시다. 작은 방 책상으로 가서 잠시 노트북을 켜서 이것저것 하다가 건조기에 들어 있던 빨래가 생각이 났다. 빨래 개기 경주할 것도 아닌데, 시계를 보며 또 급하게 빨래를 개고 서랍에 넣고 하원 시키러 주차장으로 후다닥 뛰어나갔다.

선생님께 인사하고 아이들과 어린이집 놀이터에서 놀고 있으면 6시쯤, 퇴근한 엄마, 아빠들이 보였다. 아이들이 남편 직장 어린이집을 다녔기 때문에 일하는 엄마들을 자주 만났다. 종일 장보고 반찬하고 이것저것 집안일하며 바쁘게 보냈음에도, 문득 이런 생각이 들었다.

'그래도 저 엄마들은 회사 가서 돈도 벌고 자기가 한 일에 대한 보상도 받으니까 부럽다.'

그런데 내가 매일 하는 가사 노동이 정말 회사에서 하는 일만큼 가치가 없는가 생각하는 순간, 어머님이 하셨던 말씀이 떠올랐다. 만약 내가 직장을 다니는 엄마였다면 여자들도 똑같이 힘들다고 당당히 말할 수 있었을 텐데. 그리고 비로소 내가 침묵했던 이유를 알아챘다.

나 자신도 가사 노동을 티도 안 나고, 경제적인 보상도 없고, 돈 버는 것보다는 가치가 떨어지는 것으로 여겨왔다는 것을. 매일 밥을 차려내고, 뭐 먹을까 고민하며 장을 보고, 어질러진 집을 치우고 걸레질을 하는 등 가사 노동도 엄연히 경제적 가치가 있다고 생각했다면 시어머니가 여성의 노동을 낮추어서 하는 말씀에 반박할 수 있었을 텐데 말이다. 집 안에서 하는 노동의 가치를 제대로 안다는 건 꼭 필요한 일이다. 그 노동력을 비용으로 환산한다면 꽤 높을 것이다.

둘째까지 어린이집에 보내고 나자 자유시간이 생겼다. 수영도 등록하고 운동도 하고, 책도 읽고 글도 쓰면서 (돈은 안 되는 일이지만) 시간을 아껴 나의 세계를 가꿨다. 내가 먼저 나의 가치를 소중하게 생각하자고 다짐하며, 그러려면 성찰이 필요하고 배움이 필요하니 잘하고 있다고 다독였다.

그럼에도 나는 아이들이 어린이집을 다니는 동안 주변의 일하는 엄마들, 경력을 쌓고 있는 엄마들 사이에서 종종 위축되었다. 퇴사한 뒤에도 예전 회사일을 조금씩 집에서 했는데, 조금이라도 수입이 있어야 주눅이 덜 들 것 같아 그 일을 놓고 싶지 않았던 것 같다.

아이들이 고학년이 되고 시간이 좀 생기면서 한숨 좀 돌리나 싶을 때, 경제 활동 안 하는 자신이 무능력해 보인다는 엄마들의 이야기를 많이 듣는다. 그럴 땐 나도 고개를 끄덕이며 공감하게 된다. 돌아보면 두 살 터울 두 아이의 육아와 살림으로 치열한 시절을 보냈는데 이제는 주변에서 눈치를 주는 것 같다. "그렇게 아무것도 안 해도 괜찮으시겠어요?" 하고. 딱히 뭐라 하는 사람이 없어도 내가 그렇게 느끼는 건지도 모르겠다. 내가 잘하고 있는지 의심이 드는 이 순간, 아이가 공부를 못하거나 말썽 피우는 것을 엄마 책임으로 돌리는 말이 들린다면 엄마의 자존감이 지하 몇 층까지 떨어지는 건 순식간이다.

엄마의 자존감은 깃털처럼 가벼워 흔들릴 때가 많다. 육아에 바빠 늘 부스스하게 있을 때 "그래도 외모에도 좀 신경 써야 하지 않겠냐.”라는 말을 누군가 한다면 화가 나면서도 서글프다는 말에 얼마나 동감했는가. 아이의 행동이나 성적 등이 엄마의 자존감을 좌지우지하는 것은 너무나 비일비재하다. 아이의 부족함 앞에서 스스로가 작아지는 기분을 느껴보지 않은 엄마들이 있을까. 모든 게 내 책임인 것 같아서 자신을 긍정적으로 바라보기는 쉽지 않다. 자존감이 떨어지는 것은 곧 우울감과도 연결이 된다. 무기력해지고, 무엇이든 부정적으로 생각하기 쉽다.

이렇게 사람들 몇 마디에, 다른 아이와의 비교에 오르락내리락하는 내 자존감을 지켜줄 무언가가 필요했다. 엄마들 카페에서 모집하는 운동반을 신청하기도 하고, 운동 챌린지에 참여해 보기도 했다. 화가 나고 마음이 가라앉는 날이면 뒷산을 오르거나 무작정 걷기도 했다. 머릿속이 복잡해지고, 한숨이 푹푹 나오고 무기력해질 때 몸을 움직이다 보면 좀 나아졌다. 어떨 땐 기운을 내는 것조차 힘들다. 하지만 엄마가 된 이상 일상을 놓아버릴 수 없기에 그냥 일단 나가자, 10분이라도 걷고 오자 하면서 운동하고 돌아오면 기분이 좀 괜찮아졌다.

예전에는 일 때문에 글을 썼는데 아이를 키우며 잘 버티고, 잘 살아내기 위해 글을 쓰기 시작했다. 화가 날 때도 쓰고, 답답할 때도 쓰고 막막할 때도 쓰고, 고립감이 느껴졌을 때도 노트북을 켰다. 글을 쓰며 흔들리고 힘든 마음을 들여다보았다. 내 글을 읽고 건넨 누군가의 위로에 용기를 얻기도 했다. 질문하고 답을 찾아가는 과정이 조금씩 나를 단단하게 만들어주고 자존감을 조금씩 일으켜주었다.

우연히 고미숙 작가님의 『나의 운명 사용설명서』 책을 읽다가 '시선이 바뀌는 순간, 삶에는 질적 도약이 일어난다.'라는 구절을 보고는 사주명리학 강의를 덜컥 신청했다. 비록 내 사주 풀이도 잘 못하는 수준이지만 나에 대해 알아가는 과정은 흥미로웠고 깨달음을 주었다. '이 정도는 성취해야지, 남들만큼은 해야지'라는 기준이 나를 흔들 때마다 삶을 탐구하는 시간이 나를 잡아주었다.

책을 읽는 시간은 또 얼마나 귀한가. 공감이 가고 밑줄을 긋고 싶은 문장들이 내 자존감을 묵직하게 만들었다. 오랫동안 책을 곁에 두지 않거나 사람들과 소통하지 않았을 때, 내 마음 상태가 신기하게도 그걸 알아챘다. 모임에서 만난 좋은 인연들은 나에게 잘하고 있다고, 괜찮다고 손을 잡아주고 자존감을 일으켜주는 보물 같은 존재였다.

자존감의 오르내림으로 비록 멀미도 나고 힘든 순간도

있었지만, 이제는 조금 알 것 같다. 내가 앞으로도 나를 지
키기 위해 곁에 두어야 하는 것이 무엇인지를. 덕분에 처
음 엄마가 되었을 때보다 조금 더 용기가 생기고, 자신감
을 얻는 중이다.

이런 엄마,
아이들이 좋아하냐고요?

블로그에 아이들과의 일상과 생각을 적을 때가 많다. 어릴 때부터 아이들이 놀이터와 자연에서 마음껏 뛰어놀도록 애썼던 일상을 들여다본 분들이 이런 이야기를 하곤 한다.

"저도 그렇게 아이들을 키우고 싶었는데 부럽기도 해요."

"아이들이 참 좋겠어요. 그죠?"

아이들이 어릴 땐 웃으면서 대답할 수 있었던 질문이었다. 그런데 초등학생이 되고 10대에 접어들고 있는 지금은 '과연 아이들이 좋기만 했을까?' 싶어 "글쎄요….." 하고 말끝을 흐리게 된다. 아무것도 하기 싫고 집에만 있고 싶은 날도 있었을 텐데 자꾸만 밖에 나가서 뛰어놀아야지, 몸을 좀 움직여야지 닦달하는 엄마가 피곤할 때도 있었을 것 같아서.

어릴 때 자연과 가까이하면 아이들이 고학년이 되어서도 자연에서 시간을 보내는 걸 좋아할 줄 알았다. 그런데 어느 날부터인가 "시시한데… 산에 가도 재미없는데, 계곡 안 가도 괜찮아요." 하며 싫은 내색을 보이기 시작했다. '흥, 너희가 어쩜 그럴 수 있니?' 괜히 혼자 서운했다.

그런데 『붉나무네 자연 놀이터』를 쓴 작가님 역시 자녀들이 어릴 때 도심 속 자연에서 신나게 놀게 했음에도 4, 5학년쯤 되니 마음을 내려놔야지 생각했다고 한다. 아이들이 더 이상 자연에서 뛰어노는 것에 흥미를 느끼지 않았다는 글을 보고 '아, 자연스러운 현상이고 받아들여야 하는 부분이구나' 싶었다. 그래도 아이들과 산이나 숲으로 갈 기회를 호시탐탐 노린다. 자극이 적은 장소에서의 경험도 여전히 중요하다는 생각에서인데 아이들은 "제발 이제 그만~." 하려나.

숲에서 하는 가족 체험, 아이들이 하는 생태체험 같은 걸 일부러 신청하고 재미있게 산을 탈 수 있는 활동지도 만들어 본다. 아이스크림의 유혹에 동네 뒷산 정상을 갔다 온 아이들은 "이렇게 힘든 줄 몰랐다."며 이제 높은 산은 안 갈 거야."라고 불만을 얘기했다. 그래도 친구들을 모아 같이 가자고 하면 또 산으로 따라나선다.

몸이 힘들어도 가끔 캠핑을 가기도 하고 예전에 농촌 유학했던 곳을 일 년에 한두 번씩 찾기도 한다. 친구들도 만나고 농촌에서 하루이틀 머무는 시간을 다행히 아이들도 좋아한다. 언젠가는 이마저도 심드렁하게 대하는 날이 올 수도 있겠지만.

겨울에도 눈이 오면 아이들보다 내 마음이 더 조급해진다. 어릴 때는 눈이 조금만 내려도 밖으로 뛰쳐나가던 아이들인데.

"눈이 저렇게 많이 쌓였는데 정말 안 나갈 거야?"

"나가도 친구도 없고… 추운데 그냥 집에 있을래요."

"눈이 언제 녹을지 모르는데 후회할걸~ 일 년에 자주 볼 수 있는 눈도 아닌데."

억지로라도 끌고 나가는 나는 한편으로는 이런 생각도 한다. '아니 애들이 관심 없다잖아. 나갔다 오면 빨래도 한 가득인데. 집에서 눈 내리는 거 보는 것도 괜찮지 않아? 그렇게 애들을 데리고 꼭 나가야만 해?' 하고.

그런데 막상 밖에 나가면 애들이 또 신나 한다. "거봐, 안 나왔으면 후회할 뻔했지?" 예전보다 즐기는 시간은 줄었지만, 눈밭에서 뒹굴고 눈을 뭉치고 모아 요리조리 만드는 기쁨을 조금이라도 더 즐겼으면 하는 바람에 나는 또 "같이 나가자!" 하고 겨울마다 아이들을 설득할 것 같다. 아이들은 또 "제발 그만~." 하려나.

방학 때 춥다고 집에만 있으려는 아이가 이런 하소연을 한 적도 있다.

"엄마, 운동하기 싫은데 왜 나가야 해요?"

"너희 나이 때는 뛰고 운동하고 몸을 움직여야 잘 클 수 있어. 어쩔 수 없는 거야. 엄마는 네가 건강하게 잘 자라게 할 책임이 있어."라고 말은 했는데 아이가 온전히 이해했는지 모르겠다.

말이 나온 김에 또 반성을 하나 하자면 너무 대책 없이 주어진 상황에서 긍정적으로만 생각하려고 할 때가 있다는 거다. 가령 이런 것. 둘째가 2학년이 되고 나서는 친구랑 몇 시에 어디서 만나자는 약속도 자기들끼리 하기 시작했다. 저번에는 학교 마치고 친구와 5시에 놀이터에서 만나기로 했다며 후다닥 밖으로 나갔다.

"엄마는 이따 나갈게~."

하던 일을 마무리하고 30분 뒤쯤 놀이터에 나갔는데 아이가 혼자 있었다.

"아직 친구 못 만났어?"

“친구가 아직 안 왔어.”

“그래? 친구가 무슨 일이 생겼나… 친구 올 때까지 혼자 놀아야겠네.”

약속해도 갑자기 사정이 생겨 못 나올 수도 있다고 말해주며 아이에게도 약속할 때 잘 생각해야 한다고 당부했다. 결국 친구를 만나지 못하고 집에 들어왔다. 그리고 며칠 뒤, 또 다른 친구랑 만나기로 했다며 숙제하고 나갈 거라고 했는데 약속 시간이 거의 다 되었다.

“친구랑 만나기로 했다며. 숙제는 갔다 와서 해.”

“아 맞다!” 아이가 부랴부랴 나가려고 하는데 그 친구 어머니께 전화가 왔다.

“안녕하세요. 잘 지내셨죠? 지윤이가 친구 만나기로 했다는데, 안 왔다고 저한테 전화해 보라고 해서요.”

“아, 안 그래도 막 나갔어요. 곧 나올 거라고 얘기해주실래요?”

아이 친구가 엄마에게 전화했나 보다. 약속 시간에서 5분이 지난 시간이었다. 만약 우리 아이도 핸드폰이 있었다면 친구가 안 나왔을 때 바로 친구에게 전화하거나 나에게 전화할 수 있었을 텐데. 친구가 언제 나올지 모르는 채로 혼자 놀이터에서 계속 기다리지 않아도 되었을지도 모른다. 그런데 나는 이런 상황에서 혼자 기다렸을 아이가 안쓰러워 같이 속상하거나 핸드폰을 장만해 주지 못한 게 미안하기보다는 '그렇게 기다려보는 경험도 필요한 거지.'라고 생각을 한다. 약속 시간에 나오지 않는 친구를 하염없이 기다렸던 아이는 실망하고 속상했을지 모르는데, 내가 편한 쪽으로 생각해서 조금 미안하기도 했다.

한번은 조카들이 놀러 왔을 때 놀이터에서 같이 놀다가 내가 뭐 사느라 잠깐 자리를 비운 적이 있다. 그런데 그사이 무슨 일이 있었는지 놀이터에 돌아오니 5학년 조카에게 어떤 엄마가 소리를 지르고 있었고 아이들 표정도 안 좋았다. 우선은 놀랐을 조카를 진정시키니 울먹거리며 상황을 이야기하였다. 들어보니 놀고 있는 1학년 아이들에게 이렇게 하면 안 된다고 몇 번 말한 게 동생들을 좀 무섭게 했나 보다. 그 아이의 엄마가 화가 나서 아이들에게 심하게 화를 낸 상황이었다. 아이 엄마에게 가서 조카의 입장을 이야기해주었고 집에 와서 아이들에게도 이런 상황에서는 이렇게 하면 좋을 것 같다고 말했다. 남편은 조카와 아이들이 받았을 상처를 걱정했고 나 역시 화도 나고 아이들이 안쓰러웠다. 이런 일이 일어나지 않는 게 가장 좋았겠지만, 사실 요즘 아이들은 누군가에게 쓴소리를 들을 일도 드물다. 우리가 집에서 아이들 이야기를 들어주고 잘 다독여준다면 오히려 아이들 마음이 단단해질 기회가 될 수 있을 거라고 남편에게 말했다. 아이들이 들으면 서운해하려나.

언젠가 10월이 되고 날씨가 갑자기 추워졌을 때 첫째가 이런 이야기를 했다.

"엄마, 날씨가 추워지니까 갑자기 슬픈 생각이 들어요."

"슬퍼? 왜?"

"농촌 유학하고 겨울에 서울에 올라온 것도 생각나고."

아… 생각해 보니 최근에 유난히 겨울에 이사를 많이 했다. 농촌 유학하기 위해 농촌으로 떠난 시기도, 다시 서울에 올라온 시기도, 그리고 또 다른 곳으로 두 번 이사한 시기도 모두 겨울이었다. 아이들이 잘 적응하고 있다고 생각했지, 아이들 마음속에 슬픔이 있을 거란 생각을 못 했다. 아이를 위해 농촌 유학을 결정하고, 좋은 환경을 찾아 1년 만에 이사를 했지만 자꾸만 변하는 환경에 적응하는 게 아이들도 쉽지 않았을 것이다.

날이 추워진다고 갑자기 슬프다고 했던 아이는 "엄마, 이제 이사 안 갈 거지?" 물어봤다.

"그럼, 너희가 어른이 될 때까지 엄마는 이 동네에서 살 거야."

자연에서 키우고 싶었고, 적은 비용으로 다양한 경험을 해주게 하고 싶었는데 아이들 마음을 세심하게 살피지 못한 건 아닌지. 슬프고 속상한 일을 늘 피할 수는 없고, 아이가 마음 아픈 경험을 하더라도 그것을 지켜봐 주는 것이 부모의 역할이라 생각했다. 아이들이 크고 작은 상처를 입으며 성장한다고 믿는 동안 가끔은 아이들 마음을 너무 공감해주지 못했던 것 아닐까 뜨끔하다.

현실을 외면한 채 내가 옳다고 생각하는 것만 바라보며 아이들을 키우고 있는 것일까. 가끔 내 생각과 행동이 일방적인 것처럼 느껴질 땐 후회와 반성을 한다. 소신을 강조하며 아이와 내가 행복해지는 방법을 궁리한다고 말하지만, 자주 흔들리고 늘 부족하다고 느끼는 나도 똑같은 엄마이다.

잘 키웠다는 말에
집착하지 않기로

"아이 잘 키우셨네요."

육아하며 이런 말을 듣고 싶지 않은 부모가 있을까. 누군가 내 아이를 칭찬해 주고, 대견하다, 잘 자랐다고 말해 주면 힘들었던 것도 싹 사라질 것 같다. 그런데 아이를 키우다 보니 자주 혼란스럽다. 아이를 잘 키운다는 게 어떤 걸까 하고.

예전에 한 분이 이런 말씀을 하셨다. 주변에 잘나가는 사람이 있는데 성공은 했지만, 아이들은 제대로 키우지 못했다고. 자기 성공도 중요하지만 육아나 가정이 먼저가 아니겠냐는 얘기를 듣고는 어떤 부분에서 그런 걸까 궁금했다. '제대로 키운다'라는 게 어떤 의미인지는 정확히 모르겠지만, 잘 키운다는 것이 아이의 입시 결과, 남들보다 뒤처지지 않는 것과 가깝게 연결되어 있음을 종종

216

목격한다.

마침, 그때 지인들의 단톡방에서 『다정한 무관심』 책을 함께 읽으며 개인주의에 관한 이야기를 나누고 있던 터였다. 한동안 내 머릿속에는 '가족' '나' '개인' 이렇게 세 단어가 엉켜 있었다. 영화나 드라마를 보면 남들이 보기에 잘나가고 괜찮은 남편이나 능력과 외모 등등에서 우월한 아내를 둔 배우자들의 자존감이 높게 그려진다. 반대로 남편 혹은 아내가 내세울 것 없이 초라하게 보이거나 사업에서 실패하는 등 제대로 되는 일이 없을 때 배우자의 자존감은 한없이 떨어진다. 남 앞에서 스스로가 작아지는 것이다. 어디 드라마에서뿐이랴. 주변에서도 자주 일어나는 일이다.

이건 부모와 자식 관계에서도 마찬가지일 때가 많다. 자식 자랑하며 어깨에 힘 들어가는 어머니들도 많이 봤고, 나이 들어서 결혼 안 하고 혼자 살거나, 변변한 직업도 없는 자녀 때문에 체면이 안 선다는 부모님 친구 이야기도 많이 들었다. 회사 선배 한 명은 자꾸 부모님이 동네 어른들에게 자기 나이를 몇 살이나 낮춰 얘기하는 통에 곤란했다며, 결혼할 생각이 없으니 기대를 내려놓으라고 했단다. 부부 동반 계모임만 나가면 잘나가는 자녀들 이야기에 기가 죽어 오고, 아이들이 어릴 때 만든 엄마들 모임은 아이들이 고학년이 되고 성적, 입시 얘기가 오가면서 불편해지는 경우도 있다. 언젠가 나도 엄마들 모임에 나가서 주눅이 들고 공부 잘하는 아이들이 부럽거나 아이들에게 미안해지고 그런 건 아닐지 걱정도 된다. 그렇게 차차 은둔형 중고생 엄마 대열에 끼는 건 아닌지 불안해하다 가족으로 인해 자존감이 떨어지는 이유는 무엇일까 생각해 보게 된다.

"그러니까 차라리 그런 모임에 안 가는 게 나아요."라고 말하는 사람도 많지만, 내가 아이를 잘 키웠는지 못 키웠는지 평가받는 순간은 언제 어떻게 나타날지 모른다.

한번은 책 모임에서 중요한 역할을 했던 회원 한 분이 잘 보이지 않았다. 혹시 무슨 일이 있나 걱정되었을 때, 다른 한 분이 사정을 얘기해주셨다. "자녀가 고3이라 바빠서 이제 나오기 힘들다고 하셨어요." 아⋯그때야 이해가 되었다. 우리나라에서 고3 엄마로 산다는 게 어떤 건지 주변에서 봐왔기 때문이다.

힘들게 공부하는 자녀를 곁에서 바라보는 것도 고역이지만, 20년 육아의 성적표 같은 입시 결과를 기다리고 받아들이는 것도 얼마나 가슴 떨리는 일일지. 똑같이 내가 할 수 있는 만큼 아이를 키웠어도 어떤 대학에 들어갔는지, 취업 성적은 어떤지에 따라 그 노고가 다르게 평가받곤 한다. 아이의 성적이 곧 육아 성적이 되는 현실이다. 아이를 키우며 비교를 경계하고 사람마다 속도와 방향이 다르다고 생각하려 애썼던 나도 아이에 대한 평가에 자유로울 수 없게 될까 봐 걱정스럽다.

어느 날, 수영하고 씻고 나와 옷을 입다가 다른 엄마들의 대화를 살짝 듣게 되었다.

"이번에 아이가 외고 갔다면서요?"

"네."

"대단하세요. 부러워요."

부럽다, 아이 잘 키웠다, 대단하다, 으레 하는 말이고 칭찬일 수도 있지만, 이 말속에는 아이를 잘 키운다는 것에 대한 기준이 숨어 있는 것 같다. 한국의 입시가 워낙 빡빡하다 보니 아이와 부모가 노력을 많이 해야 그 좁은 문을 통과할 수 있다. 그러니 그렇게 말하는 이유가 이해되면서도 반대라면 어떨까 생각해 보게 된다. 입시에 실패하거나 사회가 요구하는 기준에 도달하지 못하는 아이를 보면서 '부모가 참 힘들었겠다.' 하고 경솔하게 판단하기도 한다. 공부 잘하고 입시에 성공하는 자녀를 키우는 것과 그렇지 않은 자녀를 키운 부모의 애씀과 사랑의 무게는 비교할 수 있는 게 아닌데도.

아이를 잘 키운다는 건 어떤 걸까 육아하며 자주 고민한다. 다른 사람을 배려하는 아이로 키우기, 독립적으로 주체적인 삶을 살아가는 아이로 키우기, 자신을 사랑하는 아이로 키우기 등등. 거기에다가 공부도 어느 정도는 해야 할 것 같고, 나중에는 취직도 좀 안정적인 곳에 해야 할 것 같고, 사람들이랑 잘 지내며 사회생활도 잘 해야 할 것 같고. 하나하나 덧붙이다 보니 '아니 이런 완벽한 사람으로 자라길 바랐던 건가?' 싶다.

잘 키웠다는 말에 휩쓸리지 않고 일희일비하지 않으려면, 삶의 다양한 형태를 수용하려는 노력이 필요할 것이다. 이렇게 사는 사람도 있고, 저렇게 사는 사람도 있으니 어떻게 사는 게 성공하는 삶이라고 단정 짓지 않는 것이다. 생각해 보면 부모가 아이를 잘 키웠는지 아닌지 타인이 평가할 수 있는 문제도 아니다. 다른 사람들 눈에 어떻게 보일지 신경 쓰다가 정작 중요한 걸 놓칠지도 모른다. 나부터가 선입견을 품지 말자고 다짐한다.

아이를 잘 키우기 위한 지침서가 널린 세상이다. '남부럽지 않게 잘 키운다'의 기준도 높아지는 것 같다. 어른인 나도 잘 사는 게 어떤 건지 헷갈릴 때가 많은데 잘 키운다는 정답이 어디 있을까. 그저 자기 인생과 자신이 속한 공동체에 대한 존중과 책임감을 가진 어른이 되면 바랄 게 없겠다. 즐겁고 건강하게 인생을 탐험하는 사람으로 자란다면 그걸로 충분하다. 아 욕심이 과한가. 나부터 그런 사람이 되어야겠다.

아이와
건강한 거리 두기

몇 년 전 코로나가 한창일 때 끄적거렸던 일기를 보다 이런 구절을 발견했다.

"놀이터 한쪽에 힘없이 앉아서 아이들 노는 모습을 바라보다 이런 생각이 들었다. 아이들이 잘 자랄 수 있게 온 힘을 쏟고 있는 나의 세계는 안녕한가. 코로나 시국에 매일이 비슷하고, 내가 만나는 세상은 더 좁아지는 것 같아 마음이 가라앉곤 한다. 그럴 땐 다짐한다. 아주 느린 걸음으로라도, 나의 세계를 가꾸자고."

엄마가 되기 전, 회사에 다닐 때는 싫든 좋든 다양한 연령대의 사람을 만나고, 새로운 관계를 맺는 일이 자연스러웠다. 세대 차이를 느끼는 경험에서도 배우는 것이 있었다. 띠동갑 후배와 같이 일을 하면서 요즘 세대들은 이렇구나, 나 때와는 이런 게 다르구나 차이도 알게 됐다. 엄마가 되고 회사를 그만둔 뒤에는 다른 분야, 다른 상황의 사람들과 연결 고리를 맺는 게 쉽지 않았다. 새로운 만남이나 지속적인 교류, 다른 세계와의 접속은 내가 노력해야만 가능한 것이었다.

아이를 키우는 일은 맺고 있던 관계마저도 소원하게 만들 만큼 많은 시간과 노력이 필요했다. 그럼에도 자꾸 그런 생각이 들었다. 아이만 바라보고 살다가 나의 시야가 아이 중심으로만 바뀌면 어쩌나. 내 몸과 마음을 건강하게 챙기는 것도 중요하다고, 어떤 경로를 통해서라도 세상과 단절되지 않고 관계를 맺으며 배우고 소통해야 한다고 느꼈다. 책 읽기, 글쓰기, 사람과 만남, 다양한 경험과 시도를 통해서 나의 세계를 계속 확장하는 게 필요했다. 이것은 나를 위해서뿐만 아니라 아이를 위해서라도 꼭 해야 하는 과정이었다.

둘째가 두 살일 때, '엄마의 꿈방'이라는 온라인 커뮤니티에 가입했다. 매일 영어 몇 마디씩 연습하고 녹음하는 공부를 시작했는데 뭔가 활력이 생겼다. 아이랑 놀면서 후다닥 과제를 하기도 하고, 다른 엄마들의 응원 댓글을 읽다 보면 뿌듯했다. 매일 작은 것이라도 꾸준히 하는 시간은 사람을 무력감에서 빠져나오게 도와준다고 한다. 아이가 잠자는 시간, 어린이집에 가는 시간을 이용해 조금씩 온라인 모임에서 할 수 있는 것을 찾아 나섰다. 소설 한 권을 몇 개월 동안 천천히 읽기도 했다. 둘째가 어린이집에 다닐 때부터는 소설 『토지』 슬로리딩을 시작했는데 어느덧 8년 차에 접어들었다. 소설을 소리 내 낭독하다가 웃고 울기도 하고, 함께하는 엄마들과 이야기하다 보니 내가 살아가는 하루하루가 더 애틋해졌다. 잠자는 시간도 줄여가며 과제를 하고 다른 엄마들의 글을 읽었다. 좋아하는 일이다 보니 힘들어도 신이 났다. 남편이나 아이들에게 짜증 내는 일도 훨씬 줄었다. 덕분에 일상이 풍요로워졌고, 육아에 지친 나를 돌보는 힘까지 덤으로 얻었다.

몇 년 전에는 어린이도서연구회 신입회원이 되어 책 모임을 했고, 회원 한 분의 재능 기부로 북아트 모임도 하게 되었다. 어떤 사람들은 돈도 안 되는 일에 뭘 그렇게 열심히 하냐고 말한다. 아이들에게 집중해도 모자랄 시기에 그런 것까지 어떻게 다 하면서 사느냐고. 가끔 내 것 하느라 아이들을 잘 챙기지 못하는 날에는 지금 중요한 게 뭔가 싶어 혼란스럽기도 하다.

아직은 육아를 하면서 내 일상을 가꾸는 게 쉽지 않다. 그럼에도 이러한 시간은 활력과 동력을 준다. 책을 읽고,

사람들을 만나다 보면 내 삶을 어떻게 돌봐야 하는지 고민하게 된다. 무엇보다 아이들과 내가 각자의 인생에 충실할 수 있는 준비 과정이 된다. 게다가 아이 성적이나 학습에만 쓰게 되는 에너지를 배움이나 좋아하는 일에 나눠 쓰다 보면 아이들과도 적절하게 거리 두기를 할 수 있다.

요즘에는 아침에 일찍 일어나 잠시 뒷산에 갔다 오고 아이들 아침을 챙겨주며 라디오로 영어 회화 방송을 듣는다. 저녁에는 가끔 집 근처 공원에서 하는 야외 에어로빅 수업을 하며 개운하게 땀을 흘린다. 첫째와 둘째는 공원 한쪽에 있는 농구장에서 아빠와 농구하거나 에어로빅을 같이 따라 하기도 한다. 이렇게 몸을 꾸준히 움직이니 예전보다 우울함을 느끼는 시간이 줄어들었다. 화를 마음 안에 담고 있지 않는 상태만으로도 얼마나 긍정적인가. 게다가 돈도 들지 않는 취미인데.

엄마 10년 차에 접어든 올해에는 앞으로 내가 할 수 있는 일, 내가 하고 싶은 일들을 고민하고 시도하는 중이다. 첫째를 낳고 회사를 그만둔 뒤 아주 조금씩 프리랜서로 일하긴 했지만 경제 활동을 시작하는 것이 늘 아득하기만 했다. 아이들이 초등학생이 되고 혼자 할 수 있는 것들이 많아지면서 막연히 생각만 해왔지 첫발을 내디딜 기회는 쉽게 오지 않았다. 정리수납전문가, 독서지도사, 북아트지도사, 그림책 놀이지도사 등 관심 있는 분야의 수업을 듣고 자격증을 틈틈이 취득하긴 했는데 어디서부터 어떻게 시작해야 할지 그저 막막했다.

그러다 숲놀이지도사라는 것에 관심이 생겼다. 아이들과 산에서, 계곡에서, 공원에서, 자연에서 뒹굴며 놀았던 10년의 세월이 나에게도 값진 경험이 되었나 보다. 비대면으로 진행되는 온라인 교육과정을 신청하고 매주 목요일 아침 10시에 노트북 앞에 앉았다. 교재를 펴고 강의 내용을 열심히 받아 적고, 수업이 끝나면 블로그에 수업 내용을 정리하고 다시 복습했다. 수료 마지막 과정인 수업 시연 계획서를 써서 제출하고 함께 수업을 듣던 분들이 제출한 시연 계획서를 강사님이 검토해 주는 시간도 도움이 많이 되었다. 며칠 뒤 아동숲놀이지도사 자격증이 집에 도착했다.

그렇게 땅을 밟고 자연을 만지고 바라보는 아이들의 시간에 도움이 되었으면 해서 숲 체험 수업을 시작했다. 지역 카페에 홍보하기도 하고, 유료 광고를 하기도 하며 모든 게 서툴고 처음이라 쉽지 않았지만 발을 내밀었다는 것 자체가 의미가 있었다.

몇 달 전부터는 아이들이 학교에 가고 난 오전에 가끔 아르바이트도 하게 되었다. 아이들 아침을 준비해 놓고 애들을 깨우고 일찍 나서면 아이들이 알아서 밥을 먹고 챙겨서 등교한다. '10년 동안 늘 옆에 있었으니 이제 혼자서 하는 연습도 해봐야지. 오히려 잘 됐어.' 긍정 모드를 발동해 보지만 가끔은 "엄마, 낼 아침에도 가야 해?" "엄마 오늘 모르고 옷을 뒤집어 입고 학교 갔어요." 하고 말하는 둘째 앞에서 마음이 약해질 때도 있다. 일하는 엄마들의 고충을 조금이나마 알 것 같다.

가끔 남편이 출장 가는 주말에 숲 체험 수업이 잡히면 아이들은 도서관에서 책을 보거나 둘이 시간을 보내야 하니 마음이 쓰인다. 그럼에도 나의 리듬에 맞게 노동을 꾸리는 연습을 하는 중이라 다독이며 앞으로 내가 할 수 있는 일, 하고 싶은 일을 꾸준히 찾아 나선다. 아이들이 커가는 만큼 나도 조금씩 내 인생을 준비해야 하니까.

언젠가 아이들이 성인이 될 때, 아이들과 나 사이의 건강한 독립을 꿈꾸고 있다. 부모로부터 정서적으로 독립하지 못한 채 어른이 되어 서로가 힘들어하는 이야기를 듣다 보면 혹시 우리 아이들도 그럴까 봐 정신을 더 차리게 된다.

스물세 살에 혼자 아르바이트를 몇 개씩 하면서 해외 여행비를 모은 적이 있다. 부모님은 "혼자 그렇게 멀리 여행 가려고?" 걱정하셨지만 잘 다녀오라며 나를 믿어주셨다. 스물네 살에 서울에 있는 직장에 취업이 되어, 캐리어 하나 끌고 부산에서 기차 타고 혼자 올라왔던 날, 부모님은 내 선택을 존중해주셨다. 첫 회사에 출근하면서 처음으로 나를 오롯이 챙겨야 하는 환경에 놓였었다.

"힘들면 언제든지 다시 내려와도 된다."고 하시며 나의 자립을 믿고 응원해 주셨던 부모님 덕분에 나는 독립된 한 사람으로 잘 성장할 수 있었던 것 같다. 엄마가 되고 아이들을 키워보니 아이를 믿고 맡긴다는 것이 얼마나 어려운 일인가를 실감한다. 그럼에도 적당한 거리 두기가 되지 않았을 때, 서로가 서로에게 독립하지 못했을 때 힘겨워지는 상황을 목격하곤 한다. 그러니 앞으로도 부지런히 나의 세계를 가꿔야겠다. 아이와 한 발짝 천천히 떨어지는 연습을 하려면.

그래서 그 아이는 어떻게 되었나요?

다수의 사람이 선택하는 길을 가지 않았을 때, 많은 이들이 궁금해한다. 그래서 결국 어떻게 되었는지. 만족할 만한 결과를 얻었는지 아니면 그렇지 못해서 다들 가는 길로 갈 것을 하며 후회하고 있는지 말이다.

어릴 때부터 자연과 놀이터에서 뒹굴며 컸던 아이들은 여전히 신나게 노는 것을 좋아한다. 대신 그때는 집 앞 공원이나 뒷산에만 가도 그저 신나 했는데, 이제는 친구가 있고 목적이 있어야 적극적으로 움직인다는 게 달라졌다. 어릴 때부터 공부하는 것을 강요하지 않으면 공부에 대한 거부감이 적을 줄 알았는데, 대부분 아이들이 그렇듯 숙제를 싫어하고, 학습하는 시간을 별로 반기지 않는다. 육아 책을 보면 아이들을 믿으며 기다려줬더니 스스로 공부하고 싶어 하는 때가 오더라 하는 얘기도 있지만, 우리 집에 아직 그런 일은 일어나지 않았다. 그래도 아이들이 관심 있어 하는 것에 몰입하는 태도를 보여주고, 학교 가는 걸 즐거워해서 다행이다.

나름으로 어려움과 불편함을 경험하게 하면서 그것을 받아들일 수 있는 기회를 많이 주었다고 생각했다. 그럼에도 여전히 불편하면 참지 못할 때가 많고 짜증을 낼 때도 있다. 어릴 때는 지하철과 버스 여행을 즐겨 했던 아이들이지만 고학년이 되면서 차를 타고 편하게 가는 걸 은근히 바라는 것 같다. 소신 있게, 조금은 다르게 키우려고 애쓴 것 같은데, 아이들은 평범하게 자라는 중이다.

그래도 뭔가 특별한 육아법이거나 교육 방식이라 기대했는데 아쉽다고 느끼는 분들에게 꼭 하고 싶은 이야기가 있다. 자연의 덕을 보고, 사회가 제공하는 풍요를 누리며 키워보니 육아가 훨씬 수월했다는 것이다. 아이 둘을 키우며 혼자 아등바등 끙끙대지 않을 수 있었던 것은 아이들을 데리고 언제든 갈 수 있는 놀이터와 동네 공원, 뒷산 덕분이었다. 그곳에서 아이들은 내가 무언가를 해주지 않아도, 내 능력이 부족해도 즐거움을 마음껏 얻었다. 거기서 만난 친구들과 이웃들이 나의 고마운 조력자가 되어주었다.

아이들은 체력도 좋아졌고, 마음 근력도 단단해졌다. 육아 비용도 절약할 수 있었고, 가계에 무리가 되지 않는 선을 유지하는 것에 익숙해졌다. 무엇보다 육아에 대한 부담과 미안함을 덜어내며 나의 세계를 조금씩 넓고 단단하게 가꿀 수 있었다. 앞으로 아이와 함께하는 시간에 대한 걱정과 두려움을 이겨낼 용기를 갖게 된다.

생각해 보면 처음부터 남들과 다르게 키우려 애썼던 것이 아니라 내가 가진 것에서 해줄 수 있는 것을 찾다 보니 조금은 다른 방향을 향하게 되었다. 금전적인 지원을 대신할 수 있는 것으로 아이들에게 가장 많이 주었던 것이 시간과 여유였다. 덕분에 아이들에게는 무언가에 몰입하고 애정을 쏟을 기회가 많아졌다. 아이가 겪게 될 부족함이나 결핍을 부끄러워하거나 원망해야 하는 환경이 아니라, 한 사람이 성장할 수 있는 발판으로 삼았다. 그렇게 지나고 보니 이런 시도들이 내가 하고 있는 육아의 강점이 되었고, 아이와 나의 고유한 이야기로 이어졌다.

이런 걸 다 떠나서라도 나중에 아이들에게 자신 있게 말할 수 있을 것 같다. 엄마는 너희를 키우며 많이 웃었고 고마운 게 많았고 또 많이 배웠다고. 그래서 엄마가 받은 것들을 돌려주고 싶은 마음으로, 엄마와 비슷한 고민을 하는 사람들에게 용기를 주고 싶은 마음으로 글을 한 편 한 편 썼다고 말이다. 좌절할 때도 많았지만 찾다 보면 그것을 통과할 길은 있었으니, 그래서 희망을 잃지 않을 자기만의 무기를 만드는 것이 참 중요하다고 말해 주고 싶다.

내가 가진 것으로 나만의 이야기를 만들 힘은 누구에게나 있다. '겨우 이런 걸로', '남들은 이렇게나' 하는 말에서 자유로워질 때 아이와의 고유하고 특별한 서사가 탄생할지 모른다. 결과보다 과정이 중요하다는 건 아이와 함께 하는 시간에서만큼은 분명했다. 그러니 "그래서 그 아이는 어떻게 되었나요?"라는 남들의 기대나 평가에 조금 의연해지면 좋겠다. 아이 키우기 힘든 세상이라고 하지만, 내가 가지고 있는 것에 가치를 두다 보면 분명 힘듦을 넘어서는 것이 불쑥불쑥 찾아올 것이다. 아이와의 일상에서 그런 순간과 마주칠 수 있길 진심으로 응원한다.